RESCATADA
DE LA OSCURIDAD

*"Dios puede sacarte de las más oscuras tinieblas
y llevarte a Su luz admirable"*

SANDY BERGMANN FUENTES

INDICE

1. Nacida con un propósito de parte de Dios. 11

2. Dios no abandonará su propósito en ti. 23

3. Toca su cuerpo, pero no toques su alma. 35

4. Otra vez el encuentro Satánico. 48

5. La consecuencia de mi desobediencia. 55

6. La muerte, el infierno y otra oportunidad. 63

7. Más allá del límite. 71

8. Al borde de la locura. 77

9. Un grito de Auxilio. 97

10. Monte Calvario. 103

11. El comienzo de la preparación. 111

12. Mi sanidad interior. 123

13. Campaña Evangelística En la República Dominicana 135

14. En las manos del alfarero 143

15. Campaña evangelística en Ecuador 159

16. Campaña evangelística en El Salvador 178

17. Restaurando los lazos matrimoniales y familiares 191

18. Cuando la situación va contraria 213
    a lo que Dios te ha prometido

19. La ayuda de los Angeles 227

20. Dios te llama a vencer, ejerciendo su autoridad 235

21. Desde el vientre de tu Madre 249

22. Una palabra de despedida 261

DEDICATORIA

Dedico este libro con todo mi amor a mi Señor y Salvador Jesucristo, el cual por su amor y su misericordia me ha salvado, me ha libertado y me ha hecho muy feliz.

Toda la gloria, la honra, y el honor son para El. "Señor seguir tus caminos no ha sido fácil; pero vivir sin ti me es imposible. Tú eres mi razón de ser. Tú eres quién llena todo mi ser, y sin ti nada tiene sentido".

No hay precio para pagar todas las cosas que tú has hecho por mí, pero mientras viva no me cansaré de predicar tu palabra y ganar almas para ti.
¡Te amo!

También quiero agradecerte a ti, querido Espíritu Santo por tu amor, por tu ayuda, por consolarme y por darme tu compañía. Espíritu Santo no hay palabra para expresarte lo que siento en mi ser por ti. Solo puedo decirte: Gracias y te amo con todo mi corazón y con toda mi alma.

Sandy Bergmann Fuentes

PROLOGO

Este libro le ayudará a entender cómo trabaja el diablo y como Dios siempre, pero siempre tiene la última palabra, dando la victoria a sus hijos.

Sandy fue liberada del ocultismo, del abuso, de la depresión y del suicidio por la mano amorosa del Señor. Ella cuenta todo detalladamente y nos ayuda a comprender un poco más el mundo espiritual. Incluso fue rescatada del mismo infierno ya que murió y fue resucitada por el Señor. Termina su relato como una mujer sanada interiormente, ungida y libre para servir a Dios poderosamente por medio de sus campañas evangelistas con señales y prodigios.

Tómese un tiempo y léalo porque sin duda el Señor le hablará a través de la vida y experiencias de Sandy.

Esteban y Erica Correa
(editores de AvanzaPorMas.com)

INTRODUCCION

Quisiera compartir mi testimonio con todos ustedes y testificarles como el Señor Jesucristo por su amor y su misericordia me arrebato de la misma manos de Satanás, libertándome de un pacto satánico que desde niña hicieron conmigo.

Satanás, (el Señor lo reprenda) quiso matarme muchas veces, y en su intento de hacerlo, destruyó mis emociones, tocó mi cuerpo y quiso tocar mi alma. Fue una guerra a muerte, pero mi Cristo lo venció. Y no solo me libró de ese pacto satánico, sino que cuando mi alma iba camino al infierno, me dio la oportunidad de volver a la vida. Yo nunca imagine los planes maravillosos que Dios tenía en mi vida, y que no estaba en este mundo por accidente, ni porque mi padres lo habían planeado, sino porque ya estaba en los planes de Dios desde antes de la fundación del mundo.

Por mucho tiempo busqué una razón para vivir, me sentía víctima del pasado y quería que todo lo que me rodeaban sintieran lastima por mí. Muchas veces me deseaba la muerte y creía que mis problemas eran los más grandes. Yo era egoísta conmigo misma y con las personas que me rodeaban, porque mientras yo deseaba morir, habían muchos que querían vivir y disfrutar de ese regalo maravilloso que Dios nos ha dado "la vida".

Por muchos años creí que mi vida era un estorbo y que nunca debí haber nacido, y créanme que tenía razones suficientes para desearme la muerte, porque desde niña solo oí decir: "nunca debiste nacer", "eres un estorbo, no sirves para nada" "eres una bruta" no eres más que un cero a la izquierda" etc.

Lo peor de todo es que creí todas esas mentiras. Y no creía que quizás Dios podía fijarse en alguien como yo. Nunca imagine ¡cuán equivocada estaba! Dios si me amaba y me había escogido desde el vientre de mi madre para ser su sierva y me había santificado para ir a las naciones a predicar su evangelio.

Cuando Dios tiene planes con una persona, el diablo busca todos los medios para impedir que la obra de Dios se lleve a cabo en la vida de esa persona. El enemigo tratará de destruirte y si es posible de matarte, como lo quiso hacer conmigo. Pero la última palabra en nuestra vida la tiene Dios, y se hará como él lo ha dicho.

Dice Isaías 44:2 que Dios nos llamó y nos escogió desde el vientre y nos puso nombre". Ósea ni usted ni yo escogimos nacer, Dios fue quién escogió nuestro nacimiento. Nosotros no elegimos a Dios, a él le plació elegirnos a nosotros. ¡Gloria a Dios por eso!
Deseo para honra y gloria de Dios que a través de este testimonio que usted está a punto de leer, su vida sea bendecida. Por este testimonio el enemigo ha querido matarme muchas veces, para

callarme la boca, y aun mientras lo escribía, recibí muchos ataques, pero el Señor me ayudó a concluirlo. Si el Señor ha permitido que este humilde libro llegue a sus manos es con algún propósito, pero recuerde que el enemigo buscará todo los medios para evitar que usted pueda leerlo. No permita que el enemigo le robe la bendición que el Señor quiere darle, y lo que no entienda, pídale al Señor que se lo revele a través del Espíritu Santo.

Me gustaría poder entregar este libro personalmente a cada persona y decirle que lo escribí para ustedes, no con el propósito de revelar mi vida por los cuatros vientos, sino para que el nombre de mi Señor Jesús sea glorificado por su grandeza.

El testimonio que a continuación usted leerá está grabado en video, y he recibido cientos de testimonios de personas que han dicho que alguien le regalo el video, y que su vida fue cambiada. Testimonios de personas que han sido liberadas de opresiones y ataques diabólicos, testimonios de jóvenes, mujeres y hombres que han recibido sanidad interior al escuchar el testimonio, testimonios de personas a punto de suicidarse y al escuchar este testimonio se han arrepentido de cometer ese pecado. He recibido testimonios de que hay pastores que están evangelizando con mi testimonio y lo ponen en la calle en una televisión, y que la gente al verlo y escucharlo están aceptando a Cristo. ¡TODA LA GLORIA ES DE MI DIOS!

Por cada uno de esos testimonios que he escuchado y por aquellos que todavía no he oído, es que le invito a usted a que si, este testimonio cambia su vida o le fue de bendición, usted pueda dárselo a alguien más para que su vida también pueda ser bendecida.

"Porque yo se lo pensamientos que tengo acerca de vosotros, dice Jehová, pensamientos de paz, y no de mal, para daros el fin que esperáis. Entonces me invocareis, y vendréis y orareis a mí, y yo os oiré; y me buscareis y me hallareis porque me buscareis de todo vuestro corazón". Jeremías 29:11-13. Amén.

Capítulo 1

Nacida con un propósito de parte de Dios

Capítulo I

Conviene que yo declare las señales y milagros que el Dios Altísimo ha hecho conmigo. ¡Cuán grandes son su señales, cuan potentes sus maravillas! Su Señorío de generación en generación. Daniel: 4:2-3

Nací el 29 Marzo del 1975 en la provincia de Sánchez, República Dominicana.

Mi madre era de la provincia de Nagua y mi padre de San Cristóbal. Ellos se conocieron por una llamada telefónica que accidentalmente mi mamá hizo al puerto de Haina donde trabajaba mi papá. Mi mamá era madre soltera de tres hijos y al conocer a mi papá se enamoró de él, quedando embarazada por cuarta vez.

La relación sentimental de mis padres no fue duradera. ¿Por qué terminaron? ¡No lo sé! El embarazo de mi mamá era de alto riesgo y la mejor solución era que ella abortara. Su salud estaba muy deteriorada y vivía en una pobreza muy extrema. A los 5 meses de embarazo, ella estuvo a punto de perderme. Aun para los médicos era un milagro que yo pudiera sobrevivir.

Cuando nací estaba flaca y desnutrida. Pero sé que el Señor me miro con amor y misericordia y me dijo: ¡VIVE! Al pasar un tiempo mi mamá me llevó a la provincia de San Cristóbal, dejándome con mis abuelos departe de mi padre. Mi madre se fue, dejándome con ellos, y no la conocí hasta muchos años después. Mis abuelos eran muy pobres y no sabían que hacer conmigo, pues estaba muy pequeña. Pero Dios ayudo a mis abuelos para que pudieran criarme y cuidarme.

En el campo donde vivían mis abuelos nunca se había predicado el evangelio de Jesucristo. Ni siquiera existía una iglesia evangélica. Abundaba mucho la brujería y el espiritismo. Regularmente les celebraban fiesta a los demonios y en todas las casas tenían altares dedicados a ellos. Cuando celebraban fiesta a estos espíritus inmundos, los demonios tomaban posesión de los cuerpos de las personas que lo invocaban y hablaban a través de ellas. Muchas veces imitaban la voz de personas que ya estaban muertas, y los familiares de la persona fallecida creían que de verdad, era el muerto que estaba hablando del más allá.

Un primo mío era poseído por los demonios, y había uno de ellos que cuando poseía el cuerpo de mi primo, hablaba a través de él y ordenaba que le buscaran a su pichona. "Yo era la pichona." ese había sido el apodo que los demonios me habían puesto. Cuando ellos pedían verme, tenían que llevarme a la casa de mi primo. Al llegar a la casa, el demonio o el espíritu inmundo que poseía el cuerpo de mi primo, me saludaba con los brazos cruzados y decía a través de mi primo, que yo le pertenecía a ellos. Yo no entendía lo que sucedía, pero me llamaban la atención aquellos ritos que se hacían en ese lugar. Yo tenía 8 años de edad y estaba aún muy pequeña para entender muchas cosas.

Mi vida cambio a partir de una noche en la cual comencé a tener ataques diabólicos. Un demonio empezó a visitarme. Él se personificaba en un hombre alto, moreno, se vestía de negro y su rostro estaba cubierto como con un manto negro. Todo en él era tiniebla. Yo gritaba: ¡Mírenlo ahí! Pero nadie más podía verlo. Muchas veces me llevaron al hospital creyendo que todo era consecuencia de un ataque de nervios, pero los médicos no me encontraban nada. Nadie entendía lo que me pasaba, mi familia me decía: "Tú ves esas cosas raras, porque eres una niña muy malcriada". ¡Pero la realidad era otra! Cuando era pequeña habían hecho un pacto satánico con mi vida. Y satanás, (el Señor lo reprenda), se sentía dueño de mi vida. El demonio que yo veía, era el que estaba asignado para ser mi guía espiritual hasta que se cumpliera el pacto diabólico que habían hecho con mi vida y llegará el momento de partir con satanás.

Así como el Señor nos promete en su palabra de que *el ángel del Señor acampa alrededor de los que le temen y los defiende (Salmo. 34:7),*también el enemigo de las almas tiene sus emisarios o a sus demonios con asignaciones especiales, de darle ciertas protección a quiénes le sirven a él. Y no solamente le proporciona esa protección, sino que también le provee ciertos poderes para ser usados a favor de las tinieblas.

Las personas que le sirven a satanás se sienten poderosas, pero no saben que el enemigo simplemente los usa como títeres para que ellos hagan su voluntad, pero que en el momento en que el enemigo obtiene de ellos lo que quiere, simplemente trata de acabar con la vida de esas personas, y peor aún, nunca les da a ellos, las cosas que les promete a cambio de que les sirvan a él. Al contrario,le quita todo lo que les ha dado. Y hace todo lo posible para tratar de que esas almas se vayan al infierno.

Solo el poder de Dios puede impedir que el enemigo se salga con la suya. Solo el poder Dios y la iglesia tienen el poder de hacer retroceder y desbaratar los planes del enemigo.

La biblia dice: *"que el ladrón (satanás) no viene sino para hurtar y matar y destruir; yo (Jesús) he venido para que tengan vida y para que la tengan en abundancia. Juan 10:1*

El único propósito del enemigo es destruir; el no respeta edad ni círculo social. Pero no importa lo que el haga, usted y yo estamos esculpidos en las manos de Dios y ningún diablo derrotado podrá arrebatarnos de las manos del Señor, ni impedir que Él termine la buena obra que empezó en nuestra vida.

«Yo sé que tú puedes hacer todas las cosas, y que ningún propósito tuyo puede ser estorbado. Job: 42-2».

Satanás creía tenerme segura en sus manos. Pero él no contaba con los planes que también Dios tenía conmigo. ¡Bueno en realidad él no sabe contar, él solo sabe restar y dividir! Yo no podía imaginar lo que estaba pasando en el mundo Espiritual, ni tenía idea de que a pesar, de tener 8 años de edad, estaba a punto de experimentar en mi vida una guerra a muerte. Puedo decir que desde el vientre de mi madre, esa guerra había comenzado, solo que aún yo no me había dado cuenta.

Las apariciones satánicas eran cada vez más fuertes. Pero un día llegaron al campo de calle Bonita, San Cristóbal, una pareja de matrimonio predicando al Cristo de la gloria, y decidieron abrir un campo blanco en aquel lugar. Dios nunca llega tarde, ni nunca llega temprano; pero cuando Él llega, lo cambia todo y glorifica su nombre donde él quiere y con quién él quiere.

Cuando se predicó el evangelio de salvación en aquel lugar, los primeros en aceptar al Señor Jesucristo fueron un tío mío y tres tías. Al principio, a ellos no les fue fácil ser cristianos, porque mis abuelos se opusieron a que ellos sean evangélicos; pero mis tías y mi tío permanecieron firmes en no dejar al Señor Jesús. Ellos me llevaban a los servicios cristianos, y a mí me gustaba oír la palabra de Dios. ¿Saben algo? Yo era bien traviesa, pero aunque me la pasaba hablando y molestando en la iglesia, me aprendía los coros que cantaban en la iglesia, y no se me olvidaban los mensajes que el predicador o el pastor predicaba.

Hay personas que no quieren llevar a sus niños a la iglesia, porque dicen que molestan mucho; pero quiero decirle, que no había una niña que molestara más que yo. Y hoy para la gloria y honra de Dios, él me ha hecho una evangelista.

La biblia dice: *"Instruye al niño en su camino, y aun cuando fuere viejo no se apartara de él. Proverbio: 22-6"*

A pesar de que algunos miembros de la familia se convirtieron a Jesucristo, y de llevarme a los cultos, los ataques diabólicos en mi contra no desaparecieron, al contrario, fueron muchos más fuertes. Satanás envió un demonio llamado: (San Elías y también le apodan el varón del cementerio) a visitarme. Ese mismo demonio fue el que vilas veces anteriores. Cuando él me visitaba, solo me observaba, pero no hablaba.

Aunque parte de mi familia estaba buscando de Dios, nadie conocía mucho dela guerra espiritual. Casi no se hablaba de satanás y de sus demonios. En la casa de mis abuelos todavía había altares dedicados a los demonios. Estos altares tenían muchas imágenes de diferentes demonios, pero mi familia en su ignorancia creía que estas imágenes eran santos milagrosos. La gente que no conoce de Dios y que ignoran las procedencia de estos espíritus, los llaman {santos}. En aquel tiempo el amo y señor del hogar de mis abuelos era un demonio llamado San Antonio. Mi familia adoraba a esa imagen y recuerdo que a veces le ponían monedas de un centavo para que esa imagen le concediera sus peticiones.

A estos demonios, la biblia los llama espíritus inmundos. A ellos les gusta habitar en los cuerpos de las personas, en objetos, o en imágenes de procedencias diabólicas. Muchas gentes me han preguntado que si es verdad que los demonios existen, pero lo que más me sorprende es que esta pregunta la hacen más los cristianos que conocen de Dios, que aquellas personas que no son cristianas.

Enla biblia tenemos muchos ejemplos de personas que estaban atormentadas por demonios, pero que el Señor Jesucristo durante su ministerio en la tierra le libertó, y aún sigue libertando a todas aquellas personas que se encuentran oprimidas por los ataques del enemigo.

En el libro de San Lucas 8:26, Dice:

<Navegaron a tierra de los gadarenos que está al lado opuesto de Galilea; y cuando Él bajó a tierra, le salió al encuentro un hombre de la ciudad poseído por demonios, y que por mucho tiempo no se había puesto ropa alguna, ni vivía en casa, sino en los sepulcros.

Al ver a Jesús, gritó y cayó delante de Él, y dijo en alta voz: ¿Que tengo yo que ver contigo, Jesús, Hijo del Dios altísimo? Te ruego que no me atormentes.

Porque Él mandaba al Espíritu inmundo que saliera del hombre, pues muchas veces se había apoderado de él, y estaba atado con cadenas y grillos, y bajo guardia; a pesar de todo rompía las ataduras y era impelido por el demonio a los desiertos.

Entonces Jesús le pregunto: ¿Cómo te llamas? Y él le dijo: Legión, porque muchos demonios habían entrado en él. Y le rogaban que no les ordenara irse al abismo.

Y había una piara de muchos cerdos paciendo allí en el monte; y los demonios les rogaron que les permitiera entrar en los cerdos. Y Él les dio permiso. Los demonios salieron del hombre y entraron en los cerdos; y la piara se precipito por el despeñadero al lago, y se ahogaron.

Salió entonces la gente a ver qué había sucedido; y vinieron a Jesús, y encontraron al hombre de quién habían salido los demonios, sentados a los pies de Jesús, vestido y en su juicio cabal, y se llenaron de temor. Y los que habían visto, les contaron como el que estaba endemoniado había sido sanado.

Entonces la gente de la región alrededor de los gadarenos le pidió a Jesús que se alejara de ellos, porque estaban poseídos de un gran temor. Y Él entrando a una barca, regreso. Pero el hombre de quién habían salido los demonios le rogaba que le permitiera acompañarle; más Él lo despidió, diciendo: Vuelve a tu casa, y cuenta cuán grande cosas Dios ha hecho por ti. Y él se fue, proclamando por toda la ciudad cuán grande cosas Jesús había hecho por él.> (versión Biblia Las Américas).

Yo estoy muy agradecida de mi Señor Jesús. Su poder no ha cambiado. Él sigue siendo el mismo. Así como libertó al endemoniado gadareno, también me libertó a mí, y no solo me ha ordenado que le cuente a mi gente y a mi familia cuán grandes cosas Dios ha hecho por mí, sino que también me ha enviado para que le testifique al mundo entero las grandes cosas que Él ha hecho conmigo.

Podemos ver como la biblia prueba de que los demonios son espíritus que pueden poseer y hablar a través de una persona. Ellos también saben cuándo una persona es verdaderamente un siervo de Dios, o cuando simplemente es un impostor.

Nadie les sirve a los demonios por amor y por voluntad propia. Las personas que están en la adivinación, el espiritismo, la santería, brujería, los psíquicos, los que leen la mano y las tazas, son diariamente engañados, amenazados, aterrorizados, y torturados, por voces, sueños y pesadillas, hasta que doblegan la voluntad de la persona.

Las amenazas van dirigidas a las personas más queridas, como aquellas cosas que más necesitamos. Estos engaños hacen alusiones de perder el conyugue, hijo(a), empleo y aún hasta la vida, si no hacen lo que se les manda.

Las torturas consisten en privarles de aquellas necesidades físicas y emociónales hasta lograr controlar su voluntad y someterla a la de ellos. No le dejan dormir y día y noches le hablan constantemente; le mienten en contra de sus amistades y familia, y le hacen ver que alguien le persigue y que todos hablan mal de usted.

Cuando quieren no le permiten comer, no le dejan salir o viajar y cuando se lo permiten, es después de proveerle una especie de "protección". Tampoco le permiten enamorarse de quién usted desea. Estos demonios eligen las personas que ellos les gustan y hay situaciones que te humillan manteniendo una relación sexual aberrante, influenciándole a hacer cosas desagradables en contra de sus principios y voluntad.

Los hacen esclavo de baños apestosos y perfumes hediondos, vestidos de la forma que a ellos les plazca, llenando tu hogar, el trabajo, su automóvil o negocio de artefactos desagradables. Realizar actos como el visitar cementerios, matar animales, mintiendo y engañando a otros de la misma manera que usted fue engañado por satanás, el padre de la mentira y el engaño. (Juan 8:44)

El miedo, terror, pánico, la tortura mental, las mentiras, y amenazas son algunas de las armas carnales que satanás y sus demonios utilizan para destruir almas preciosas como la suya. Pero hoy mismo usted puede ser libre si usted cree en la verdad. Jesucristo es esa verdad. Él dice en su palabra: *"Yo soy el camino, la verdad, y la vida, nadie viene al padre sino por mí. Juan 14:6"*

Los demonios no pueden hacerte ningún daño. Sus amenazas se materializan cuando la persona ignora que satanás no es todopoderoso, ni omnisciente y que él o sus demonios no pueden dañar a nadie sin el permiso de Dios o si la personas se lo permite. Jesucristo lo derroto en la cruz del Calvario derramando su sangre y el Espíritu Santo nos ha dado las armas espirituales para poder derrotarlo.

Anteriormente, mi familia ni yo desconocíamos estas verdades bíblicas, pero ahora las conocemos. Lamentablemente hay muchas personas que son víctimas de estos ataques diabólicos por no saber la verdad, y no saber qué hacer. Pero hay buenas noticias para usted y su familia.

La palabra de Dios dice: <<*Y conoceréis la verdad y la verdad os hará libres. Juan 8:32.*>> Jesucristo es la verdad y solo Él puede libertarte a ti y a tu familia de cualquier opresión satánica.

Continuando con el testimonio ¿se acuerdan que al principio le conté como un demonio me lanzo sobre mi tía con furia para que le hiciera daño? Después del problema que tuve con mi tía, recibí otro ataque de parte del enemigo. Una noche muy de madrugada fui despertada, y vi literalmente una mano negra, un poco más grande que la mano de un hombre normal, y me agarró por el cuello, en ese momento pude gritar y desapareció. Poco días después de esta experiencia, el Señor Jesucristo comenzó a tratar conmigo.

Dios no hace excepción de persona. Así como trata con los adultos, también puede tratar con los niños. También los niños reciben muchos ataques diabólicos, el enemigos sabe que los niños son el futuro del mañana, que serán los próximos pastores, evangelistas, misioneros, adoradores del Señor, serán los próximos doctores, abogados, maestros, científicos, presidentes, etc.

Padres cuiden a sus hijos. Ellos son un regalo de parte de Dios, y llegará el tiempo en que ustedes tendrán que darle cuenta al Señor por la manera en que cuidaron y disciplinaron a sus hijos. La niñez es una etapa muy importante. De a sus hijos lo mejor de usted. Dedíquenle tiempo. Háganle sentir que ustedes los aman y déjele saber que ellos son muy importantes para ustedes.

El amor no consiste en darle un regalo caro, sino en que le hagan sentir que de verdad les aman y que puedan estar presentes cuando ellos necesitan de ustedes. Amor no es complacerlo en todo, ni dejar que ellos hagan lo que le dé su gana, sino en disciplinarlo y corregirlo con amor. Levante la autoestima de sus hijos.

La niñez es una etapa de aprendizaje, y recuerde que aun nosotros como adultos no sabemos todas las cosas, al contrario todos los días tenemos que aprender algo diferente, porque en esta vida nadie lo sabe todo.

Si usted como padre desea que en el futuro su hijo(a) sea una persona de bien, cariñosa, estable, seguro de sí mismo, temerosa(o) de Dios, profesional, entonces debe comenzar por darle el ejemplo. No olvide que las mayorías de las cárceles, los hospitales siquiátricos y los centros de rehabilitación de drogas están llenos de hombres y mujeres víctimas de una niñez frustrada. Críe niños sanos mental y emocionalmente, y en el futuro tendrá hombres y mujeres sanos, seguros de sí mismo, y útiles a la sociedad.

Recuerda, Dios no se ha olvidado de ti. Tú fuiste creado(a) con un propósito de parte de Dios, y El cumplirá su propósito en ti. Así mismo como Dios me guardó desde el vientre de mi madre, te ha guardado a ti, y llegará el momento en que él se revelará a tu vida, y te dejará saber para que tú, estas en este mundo. Aunque muchas veces usted no sepa cómo hacer las cosas, ni sepa cómo sacar su familia adelante, recuerde que el Señor siempre estará con usted, y le dará la sabiduría y la capacidad que usted necesita para salir adelante.

Recuerde que el Señor es quién nos ayuda hacer las cosas en esos momentos en los cuales no sabemos qué hacer. Él es quién te dice: *Clama a mí que yo te responderé Jeremías: 33-3.*

Capítulo II

Dios no abandonará su propósito en ti

Capítulo II

Siendo aún una niña, el Señor comenzó a tratar con mi vida, y una noche me dio una revelación. Vi que desde el cielo venia descendiendo una nube blanca. Encima de la nube venía un personaje con una figura de hombre. El venía con su brazos abiertos, y las manga de su túnicas le colgaban, su vestidura era blanquísima, tan blanca que resplandecían. En su cintura tenía un cinto amarrado, y su pelo le colgaba hasta su hombro. Él era alto, fuerte, y tenía una figura muy varonil.

Cuando le vi, comencé a gritar de alegría: ¡Miren a Jesús! pero nadie más podía verlo. Él se quedó en el aire encima de la nube, pero a la misma vez, muy cerca de mí. Yo le pregunte: Señor, ¿cuándo es tu venida?Porque he oído decir en la iglesia que tu vienes pronto." El me contestó y me dijo: Si, Yo vengo pronto y tú tienes que convertirte. Yo he venido a decirte que te amo y que, "TU ERES MIA." de la misma manera que descendió volvió a elevarse, hasta que lo vi desaparecer en el alto cielo.

Después de esta experiencia con el Señor, El me dio otra revelación acerca del arrebatamiento de la iglesia. En la revelación, el Señor había levantado a su pueblo, y multitudes se habían quedado. La desesperación de la gente en las calles era terrible. Vi que muchos cristianos se habían quedado, entre los cuales habían dos tías mías. Una de ella se quedó porque no quiso aceptar a Jesús. La otra tía era cristiana, y lloraba amargamente diciendo: "¡ay! me quede por estar mirando novelas."

En la revelación, yo también me había quedado, y con honestidad le digo, ¿no sé por qué me quede? Aunque me habían llevado varias veces a la iglesia, nunca había hecho profesión de fe, ni tampoco nadie me había preguntado si quería hacerlo. (Creo que esa fue la causa por lo cual me quede en el rapto de la iglesia) sin Cristo no podemos ir a ningún lado.

No puedo pasar por alto decirle que de las dos tías mías que vi que se quedaron en el rapto de la iglesia, la que se había quedado por estar mirando novelas, ahora es una gran pastora y detesta las novelas. La otra que se quedó por no aceptar al Señor, muchos años después lo acepto. Recuerdo que en el año 2000, el Señor me dio un mensaje para esa tía mía. Yo fui a la Republica Dominicana, y visite a mi tía Oliva, le dije que el Señor la amaba, y que cuando yo estaba pequeña, el Señor me había dado una revelación de que Él había levantado su iglesia, y que ella se había quedado, porque ella decía que en la religión que nació, ahí se quedaba. Le dije que ninguna religión salvaba, y que para ella ser salva tenía que aceptar a Jesús como su salvador. Le prediqué la palabra con amor y ella la aceptó, y creyó en su corazón que lo que le decía era cierto.

Yo le dije, que si ella se enfermaba que no olvidara de clamar al Señor, que no llamara a ningún otro santo, como ellos suelen llamar. Claro que si su familia se enteraba de que ella había aceptado al Señor, y que después de tener tantos años en la religión pagana, ahora se convertía al evangelio, sería un problema muy grande. Pero nuestro Dios es sabio, y sabe lo que hace y en el momento en que lo hace. Después que le predique a mi tía, regrese a Nueva York, y pocos meses después me llamaron para darme la noticia de que mi tía murió.

Yo sentía paz en mi corazón y la convicción de que ella había partido con el Señor. Días después, el Señor me mostró una visión. Vi que un lado de la pared de mi habitación se enrolló como un pergamino, y se estaba acercando una luz muy blanca. En medio de la luz venia una joven vestida con una bata blanca, era un color tan blanco que resplandecía, había un personaje parado al lado de ella, y la sostenía por su brazos. Solopude ver la mitad de la manga de la vestidura del personaje que la sostenía. Cuando yo vi a la joven, la reconocí, ¡era mi tía Oliva!,ella estaba joven, parecía de 20 años de edad, y eso no es todo, mi tía era obesa, creo que tenía algunas 500 libras, y en la revelación que el Señor me dio con ella, mi tía estaba completamente delgada, tenía un cuerpo nuevo. ¡Gloria a Dios!

Si usted está sufriendo porque se encuentra muy gordo y ha perdido toda esperanza de verse flaco(a) ¡no se preocupe! que allá en cielo ese problema se le resolverá. ¡El Señor se lo resolvió a mi tía Oliva! Yo quise acercarme más a ella para tocarla pero una voz me dijo: no puedes tocarla, la he traído para mostrarte que esta salva". Ella se sonrió conmigo y en su rostro había una expresión de paz y me miraba como si quisiese decirme: ¡Muchas Gracias!

Mientras estuve viviendo en casa de mis abuelos, el Señor continuaba tratando con mi vida. Pasado un tiempo mi padre que estaba viviendo en el pueblo con su esposa y sus dos hijos, decidió irme a buscar a casa de mis abuelos para llevarme a vivir con él y su familia. Viviendo en el pueblo con mi papá yo tenía más comodidad para ir al colegio, tener mejores ropas, y comer las tres comidas diarias, pero nada de eso me hacía feliz. Yo me sentía feliz con mis abuelos, los cuales me habían criado desde los dos meses de vida. Para mi ellos eran mis verdaderos padres.

Aunque muchas veces no había para comer las tres comidas, aunque ellos no podían comprarme ropa nueva, aunque tenía que caminar muchos kilómetros a pie para llegar a la escuela, yo era feliz con ellos, sobre todo porque tenía el cariño que en casa de mi papá no sentía.

Mi papá insistió en que con él era que yo iba a vivir. A mi papá lo quería mucho pero a la misma vez le tenía miedo a él y también a mi madrastra. No sé por qué le temía a mi padre, en realidad él era y es un hombre muy bueno. Reconozco que era muy recto pero también era un hombre muy justo.

Tiempo después conocí a mi mamá y fue entonces cuando de verdad empezó mi calvario porque mi mamá quería que yo viviera con ella en Nagua. Mi papá quería que yo viviera con él en San Cristóbal y mis abuelos querían que yo viviera con ellos en el campo. Y por un buen tiempo estuve rodando como una pelota de fútbol, de aquí para allá y de allá para acá.Estaba creciendo con una inestabilidad muy grande hasta que definitivamente me quedé en casa de mi papá.

Siendo una niña sufrí mucho y con apenas 11 años de edad la vida no me interesaba. Yo le pedía a Dios que me llevara porque no quería vivir, pero era inútil, parecía que Dios no me escuchaba. En la escuela era una buena estudiante pero de repente las calificaciones empezaron a bajar. Estaba llena de miedos e inseguridades y sobre todo tenía un complejo de inferioridad muy grande.

Cuando los niños están pequeños, a veces los adultos le dicen palabras negativas que pueden afectar para siempre la vida de esa criatura. Las palabras que salen de nuestra boca tienen poder, y por eso tenemos que tener cuidado de las cosas que le decimos a los niños y las cosas que hacemos delante de ellos.

Por ejemplo cuando alguien le dice a un niño que no sirve para nada, que es un estorbo, que es un bruto, un cero a la izquierda, que es feo, que nadie lo quiere, y que nunca debió nacer y muchas cosas más. Eso es destruir la imagen de esa criatura. Quizás el adulto olvide cada una de las palabras que le dijo a esa criatura cuando estaba pequeño(a) pero le aseguro que a ese niño(a) nunca se le olvidarán ninguna de esas palabras.

A veces me pregunto a mí misma ¿será que a nosotros los adultos se nos olvida que esos niños que Dios ha permitido que nosotros podamos tener a nuestro cuidado para criarlos y ayudarlos, algún día van a crecer?Hay gente que maltratan a los niños, abusan de ellos, los tratan como algo insignificante sin saber que en el futuro esa criatura será quién le extienda su manos en momentos de necesidad.

En unos de los viajes que hice a Suiza conocí a una señora que me pidió muchaoración por su madre. La madre de esta mujer no le gusta la soledad, pero cuando le consiguen a alguien para que le ayude en el hogar y le haga compañía, la señora maltrata a esa persona sin ninguna compasión.

Su hija me dijo que a su madre le dieron un niño que había perdido recientemente a su mamá. El padre del niño no lo podía criar y pensó que dejándolo con esa señora su hijo estaría mejor. Pero la señora en vez de darle cariño y tratarlo con consideración, lo que hacía era que lo maltrataba, abusaba de él físicamente, verbalmente y emocionalmente. Lo castigaba severamente. Lo dejaba sin comer, le daba golpes con un palo, y también lo ponía hacer todos los quehaceres de la casa.

La hija de esa señora me dijo que cuando ella iba a visitar a su madre la aconsejaba para que no maltratara al niño. Pero ella no le hacía caso. Gracias a Dios el padre del niño conoció a una mujer muy bondadosa, y le quito el niño a esa señora. Pero el caso no termina ahí. A la mujer le consiguieron otro niño para que le hiciera compañía y también lotrataba como a la primera criatura. La excusa que da la mujer acerca de su comportamiento es que a ella también la maltrataron cuando estaba pequeña y que por eso es, que ella es así. Ella dice que no puede dar lo que nunca recibió.

Yo le aconsejo a cada persona que pueda tener contacto con un niño que le dé lo mejor de usted a esa criatura. Si puede brindarle una sonrisa, un abrazo, una caricia, una mirada comprensiva o simplemente una palabra de amor, por favor no dude en hacerlo, porque puede ser que eso sea lo único bueno que ese niño(a) reciba de alguien en toda su vida.

A los padres que tienen sus hijos si tienen que disciplinarlos háganlo, pero con amor. Al principio ninguna disciplina es buena. Pero si usted va a castigar a su hijo, castíguelo y dígale porque lo va a castigar. Y de la misma manera que usted lo castiga cuando ellos hacen algo indebido, también felicítelo cuando ellos hacen algo bueno y positivo. Dígale lo orgulloso que usted se siente de ellos. Y sobre todo no dejen a sus hijos en manos de cualquier persona. Tenga cuidado porque, quién menos usted imagina es quién puede hacerle daño a su hijos. Dele confianza a sus hijos y sobre todo pídale sabiduría a Dios para que les guie a educarlos y criarlos con disciplina y amor.

Una vez, escuché una historia que nunca olvide. Se trataba de un joven que le gustaba estar en la calle con sus amigos y siempre llegaba tarde a su casa. Su madre le rogaba que por favor llegará temprano a su casa pero a él no le importaba lo que su madre le dijera. Una noche llegó bien tarde al hogar y mientras iba por el camino estaba meditando todas las cosas que le diría a su mamá, sí ella llegaba a reprocharle algo. Pero la madre era más inteligente que él. Ella en vez de reprocharle, lo que hizo fue que le preparó un sopa de pollo y se la guardo calientita.

Cuando el joven llegó a su casa, su madre lo recibió con mucho cariño, agradecida de Dios de que su hijo había llegado bien. Le ayudo a quitarse su chaqueta y le llevo a la cama su sopita de pollo.

El hijo estaba sorprendido con la actitud de la madre. Él pensaba que al llegar a la casa solo escucharía reproche, pero fue todo lo contrario. ¿Saben lo que él le dijo a su Mamá? ¡Madre eres tan buena! Te prometo que nunca más llegare tarde a la casa."

¿Pueden ver que no todos se resuelven con golpes ni con palabras ofensivas? Una palabra ofensiva y mal dicha puede destruir o marcar para siempre la vida de un ser humano. Quizás si la madre de ese joven lo hubiera esperado con reproche, nunca su hijo, hubiera decidido cambiar. Pero una actitud positiva de parte de su madre logró que su hijo cambiara de actitud para toda la vida.

Padres no echen a la calle a sus hijos. En vez de ser padres dictatoriales, sean sus amigos para que ellos no salgan a buscar a la calle al lugar equivocado y en los brazos equivocados el amor y la comprensión que pueden tener en su casa.

Creo que para que muchas cosas cambien en nuestra vida y en nuestra familia necesitamos un cambio de actitud. Como familia y como seres humanos siéntense a dialogar. Padres aprendan a escuchar a sus hijos, hijos escuchen a sus padres, como humanos fallamos muchas veces, pero no hay nada como la familia.

Si no pueden dialogar entre ustedes, pues busquen ayuda profesional y espiritual. Busquen a un consejero que pueda orientarle y que pueda ayudarle a que tengan una conversación sana, saludable emocionalmente y espiritualmente. Recuerden que el único que les odia y quiere destruirle es satanás. Pero el Señor esta con usted y el ayuda a los que confían en él.

La biblia dice en Efesios.6:12-13 "porque no tenemos lucha contra sangre y carne, sino contra principados, contra potestades, contra los gobernadores de las tinieblas de este siglo, contra huestes espirituales de maldad en las regiones celestes."

Por lo tanto tu enemigo no es tu familia, no es el pastor ni los hermanos de la iglesia. Su enemigo es satanás y sus huestes de maldad. Y la única manera de resistirle y permanecer firme es primeramente aceptando al Señor Jesucristo en nuestra vida; y vestirnos de toda la armadura de Dios para que podáis resistir en el día malo y habiendo acabado todo, estar firmes.

He oído decir a muchas personas que ellos no tienen ningún problema con satanás, pero aunque usted no lo quiera aceptar, el enemigo siempre le hará la guerra en un encuentro implacable. El deseo del enemigo es poder tirarle una bomba atómica y acabar con usted de una vez y para siempre. Aunque usted se sienta seguro y el enemigo no sea un problema para usted, no se descuide, porque se puede llevar una gran sorpresa como muchos otros se la han llevado.

Para salir victorioso en contra de las asechanza del enemigo debemos obedecer la palabra del Señor, y someternos a él en obediencia. La biblia dice: Someteos, pues, a Dios; resistid al diablo, y huirá de vosotros. Santiago 4:7.

Lamentablemente hay muchas personas que tienen problemas con el sometimiento,no quieren someterse a los pastores, ni a los líderes, ni a su jefe en el trabajo. También hay mujeres que no se someten a los maridos, e hijos que no quieren someterse a los padres, y si, no nos sometemos a nuestros superiores los cuales conocemos, pues mucho menos a Dios que no le hemos visto. No cabe duda que el enemigo está haciendo su trabajo mientras que muchos en la iglesia están dormidos preocupados en cosas pequeñas. Como por ejemplo: "En que si la hermana usa la falda larga o si la usa encima del tobillo. Otros viven fijándose en la falta del hermano, no para corregirlo con mansedumbre (considerándote a ti mismo no sea que caiga en la misma condición) sino para criticarlo, juzgarlo y condenarlo. Gente que no hacen nada en la iglesia pero le molesta lo que el otro hace, todo lo quieren saber, todo lo quieren cuestionar, parecen jueces y jurados.

Es hora de que en verdad nos ocupemos de las verdaderas necesidades que hay en pueblo del Señor. Hay un pueblo que se siente herido y Dios desea consolar a su pueblo. Hay muy pocos mensajes de consolación, muchos prefieren hablar más de la condenación que de la salvación, se habla más de castigo que del perdón de Dios. Él Señor está más interesado en perdonar que en castigar Dios desea que te rindas a Él, que deje de hacer esas cosas que tú sabes que a Él no le agradan, que perdone a esa persona que le hizo tanto daño, porque de lo contrario tus oraciones tendrán estorbo, no serán escuchadas.

Para permanecer victorioso, debes dejar que el Señor sane tus heridas emociónales. Debes someterte a Él, no dejes de orar. La oración es la llave que abre las puertas de los cielos. Pídele al Señor que te dirija para ayunar. En el ayuno hay victoria y se rompen grandes cadenas y ataduras espirituales.

Escudriña la palabra de Dios. La palabra de Dios es viva y eficaz, y más cortante que toda espada de dos filos y penetra hasta partir el alma y el Espíritu, las coyunturas y los tuétanos, y discierne los pensamientos y las intenciones del corazón. Hebreo 4:12-13.)

Pídale al Señor la sabiduría y la capacidad para entender su palabra, y él, se la dará. Su palabra dice: si alguno de vosotros tiene falta de sabiduría, que se la pida a Dios, el cual da a todos abundantemente y sin reproche, y le será dada. Santiago 1:5

La clave está en que cuando le pidamos algo al Señor lo pidamos con fe y creyendo en nuestro corazón que Él nos lo dará. Su palabra nos dice: que pidamos con fe, no dudando nada; porque el que duda es semejante a la onda del mar, que es arrastrada por el viento y echada de una parte a otra. Santiago 1:6.

Si usted no obedece la palabra del Señor ni se reviste de todas las armaduras para resistir al enemigo, entonces será un cristiano débil, mediocre, que el enemigo le hará lo que se le antoje. Pero el Señor te dice: "Toma la armadura, úsala, no te la quites ni para dormir porque usted no sabe a la hora que el enemigo le va atacar.

Pero si estamos revestidos del poder de Dios, aunque el diablo nos ataque por todos lados podremos decir como el Salmista David en el Salmo 27:3"Aunque un ejército acampe contra mí, no temerá mi corazón; aunque en mi contra se levante guerra, a pesar de ello, estaré confiado". Porque son más los que están conmigo que los que me hacen la guerra.

Mi amado hermano no te rindas y no sueltes las armaduras las cuales son poderosas en Dios. Lamentablemente por mucho tiempo yo desconocí estas verdades bíblicas. Creo que eran muy profundas para entenderlas, además había ido a la iglesia unas cuantas veces. Solo la misericordia de Dios podía socorrerme para poder soportar las cosas horribles que estaban a punto de ocurrirme.

Pero si había algo muy cierto, y es que Dios no iba abandonar su propósito en mi vida, como tampoco lo hará con usted.

Capítulo III

Toca su cuerpo, pero no toques su alma

Capítulo III

Creo cien por ciento que el enemigo no puede hacer nada en nuestra vida, sin la voluntad permisiva de Dios. Y cualquier cosa que el Señor permita que suceda, sea mala o buena, será con el fin de Él glorificarse. Un ejemplo de esto podemos verlo en libro de Job.1:6-22.

Continuando con mi testimonio: mi padre me había llevado a vivir con él y su familia, pero yo no me sentía feliz. Pensaba mucho en mi mamá ¡Cuanta falta hace una buena madre!

A veces pensaba: ¡si mi madre pudiera estar conmigo! Pero ella se había ido para Puerto Rico y dentro de mí no tenía ninguna esperanza de volverla a ver. La extrañe mucho y la necesite mucho. Yo deseaba sentir el calor y el apoyo de una madre y aunque estaba con mi madrastra, sabía que ella no era mi madre y que aunque quisiera, nunca me iba a quererme como a su propios hijos.

Me sucedieron muchas cosas horribles y solo la misericordia de Dios me guardó de no tener un ataque al corazón. Recuerdo que muchas veces le lloré amargamente al Señor diciéndole: "Si Tú existes, y si Tú en verdad me amas, por favor llévame contigo, pero ya quítame la vida, no quiero vivir". Pero no había repuesta de parte de Dios. Usted se preguntará ¿cómo es posible que una cristiana se desee la muerte? Yo no era cristiana, solo me habían llevado a la iglesia y oí hablar de Jesús. Además era una niña de solo 10 años de edad. ¡Pero es muy triste que tan solo con 10 años de edad un(a) niño(a) no quiera vivir!

Un domingo en la noche fui al parque a llamar a mi mamá a Puerto Rico desde un teléfono público que había en el parque. En ese tiempo muy pocas personas tenían teléfono en su casa y para hacer una llamada era necesario ir al parque. Esa noche empezó a llover y un joven que vivía cerca de la casa se ofreció en llevarme.

Como estaba lloviendo mucho acepte irme con él, además lo conocía. No pensaba que podía hacerme ningún daño. Él iba con dos amigos más, y estaban tomando refresco y me ofrecieron de beber a mí. Yo no sé qué había en esa bebida, pero si recuerdo que me sentí muy mal, y…. abusaron de mí. De ahí en adelante mi vida empeoró. Yo tenía 11 años de edad. Era todavía una niña. La situación en la casa de mi papá era cada vez peor y para el colmo, antes de que me sucediera esta tragedia mi papá se había ido a vivir a New york.

Pasaron los días y empecé a sentirme mal físicamente,me sentía mareada, me desmayaba frecuentemente en la escuela. Mis compañeros de clases decían que yo estaba embarazada. Para mí era algo imposible, a edad de 11 años todavía creía que de verdad los niños los traía la cigüeña. Mi maestra se enteró de los comentarios y habló conmigo. Yo traté de explicarle lo que me había sucedido en el carro aquella noche.

La profesora prometió ayudarme y me llevó al hospital para que una doctora amiga de ella pudiera examinarme. Me hicieron una prueba de embarazo pero según la profesora el resultado fue negativo. Lo extraño de todo es que la doctora le dio una receta a la profesora y ella me compró una medicina y me dijo que tenía que ponerme una inyección de vitamina, y encarecidamente me decía que no dejara de ponérmela.

Sucedieron muchas cosas extrañas que nunca pude entender, como por ejemplo ¿por qué en vez de la profesora hablar con mi familia se quedó callada y quiso ayudarme secretamente?

Mi angustia mayor era, no saber cómo ir al hospital a ponerme la inyección. Casi no tenía permiso para salir a menos que no sea para ir a la escuela. Pero gracias a Dios, yo tenía una prima que también vivía en la casa de mi papá, ella es cristiana y sabia poner inyecciones. Hablé con ella y le dije todo lo que me había sucedido. Ella se compadeció de mí y me ayudó para que pudiera ir al hospital sin que mi madrastra sospechara nada. Mi prima no quiso ponerme la inyección porque en realidad ella no sabía para que me larecetaron y no quería correr ningún riesgo. Yo le tenía miedo a las inyecciones pero nunca imagine que esa inyección por poco me cuesta la vida.

Cuando llegué al hospital, la doctora no me quiso poner la inyección, sino que le ordenó a una enfermera que me la pusiera. La enfermera me dijo: « Muchacha dale gracias a Dios que esta inyección es de agua y no de aceite ». Yo no entendí que ella quería decirme con eso. Aquella inyección era tan fuerte que tenía que ser puesta en la pompa, pero la enfermera me la puso en el brazo izquierdo.

Yo sentí que me habían arrancado el brazo a sangre fría. No hay palabras humanas para describir aquel dolor tan inmenso. Al salir del hospital, ya mi brazo estaba casi inmóvil, parecía que habían puesto quintales de cementos encima de él. Recuerdo que iba llorando por todo el camino y no hubo nadie que se compadeciera de mí.

Esa inyección por poco me quita la vida. Pero desde el vientre de mi madre Diosdijo: ¡VIVE! y si Él dio la orden de que yo viviera, ningún diablo derrotado me podía quitar la vida, aunque me haya vendido mil veces a él.

El brazo se hinchó fuertemente. No podía moverlo y el dolor cada día era más insoportable. Aún así tenía que disimular que todo estaba bien para que la esposa de mi papá no sospechara de nada. Despúes me empezó a dar fiebres muy altas. Todo mi cuerpo temblaba como gelatina y sentía que algo se estaba desprendiendo de mi vientre. Gracias le doy a Dios por mi prima porque en todo momento ella se mantuvo orando por mí, incluso muchas veces se levantaba de madrugadas para ponerme paños frio, y así tratar de que la fiebre redujera un poco. Pero creo que lo que más me ayudo fueron sus oraciones.

En esos días fui a visitar a mis abuelos de parte de mi padre,por dos semanas, pero mi salud estaba empeorando, y días después tuve una fuerte hemorragiaque me duró 9 días. Nadie se dio cuenta, pero esta niña de solo 11 años de edad se estaba muriendo. Pero sé, que había algo o alguien que me estaba ayudando para mantenerme viva.

Un día leyendo la biblia me encontré con un pasaje bíblico que decía: "Y en cuanto a tu nacimiento, el día que naciste no fue cortado tu ombligo, ni fuiste lavada con aguas para limpiarte, ni salada con sal, ni fuiste envuelta con fajas.

No hubo ojo que se compadeciese de ti para hacerte algo de esto, teniendo de ti misericordia; sino que fuiste arrojada sobre la faz del campo, con menosprecio de tu vida, en el día que naciste.

Yo pase junto a ti, y te vi sucia en tus sangres, y cuando estabas en tus sangres te dije: ¡Vive! » Ezequiel.16:4-6.

Cuando leí ese pasaje bíblico mi alma se derramó en llanto, porque sentía en lo más profundo de mí ser que Dios estaba hablando a mi vida en ese momento.

Pasadas dos semanas regresé a casa de mi madrastra,y un día me encontré con el muchacho que me había hecho daño, él me amenazo y me dijo que si yo lo acusaba de algo, me iba matar, sacó una navaja y la puso en mi cuello, pero yo no sentí frio ni calor, no me asuste, creo que para mí vivir o morir me daba igual.

Yo me encontraba viviendo un infierno, a los poco días mi familia se enteró de lo ocurrido. Ellos no supieron en ese momento que me habían violado, sino que pensaron que fue algo que quise hacer por mi propia voluntad. La verdad de lo que paso no podía decirla por causa de la amenaza que me habían hecho.

Recuerdo que mi abuelo se enfureció tanto que me dijo cosas horribles, sus ojos estaban rojos como un tomate, en su semblante había tanto odio, era como si quisiese cogerme y destruirme, pero sé que no era mi abuelo que lo quería hacer, sino quién estaba en él.

Todos los días mi abuelo iba a casa de mi madrastra a insultarme, y cada palabra que salía de su boca era como un cuchillo que atravesaba mi alma.

Mi familia decidió ir a la capital a la secretaría de educación para denunciar a la profesora por haberse quedado callada. En ese lugar levantaron un expediente para averiguar los hechos ocurridos. Mi hicieron un sin número de preguntas tan íntimas que yo no sabía responder. Luego nos enviaron a la oficina de la regional, ahí fue terrible, me hicieron mucho más preguntas que en la primera oficina. Recibí tantas presiones que me quede afónica sin poder hablar.

A los pocos días se supo el resultado de las decisiones que habían tomado en la secretaría de educación y en la regional. La profesora negó todo lo que había pasado. Dijo que solo intentó ayudarme. A mí me despidieron de la escuela y perdí el año escolar, aunque eso era lo de menos porque ya había perdido el deseo de vivir. El enemigo había conseguido destruir mis emociones, destruir mi cuerpo y ahora quería destruir mi alma.

Una mañana me encontraba sola en la casa de mi papá y oí claramente una voz que me dijo: "Sandy en la habitación de tu madrastra hay un cloro y un derizado*, haz una mezcla de eso y bébetelo." Yo no sabía que ese cloro y ese derizado estaban ahí pero cuando fui a buscarlo lo encontré. Mezcle el cloro con el derizado pero al instante de tomarlo, otra voz muy suave hablo a mi corazón y me dijo: "Échale leche a esa taza." Yo terminé de llenar la taza de leche en la cual tenía la mezcla de cloro y el derizado y me lo tome.

*derizado-. Mezcla de sustancia tóxica que se utiliza para el alaciado del pelo o cabellera

Al instante de tomarlo sentí como si una mano se hubiera introducido en mi estómago haciéndome vomitar aquel veneno. También la leche me ayudó mucho, pues evitó que mi estómago sufriera daños mayores. Yo no podía distinguir entre la voz de Dios, ni la voz de satanás, pero lo que sí sé, es que esa voz que habló a mi corazón diciéndome que le echará leche a la taza, me salvo la vida. El Señor le permitió al enemigo tocar mi cuerpo y mis emociones, Pero estoy segura que le advirtió que no tocara mi alma.

Al ver que seguía viva me decepcioné porque en realidad no encontraba una razón para vivir. Cumplí 12 años de edad y me sentía de cien años. En medio de la soledad en la que me encontraba, Dios permitió que conociera a dos muchachas las cuales fueron para mí, más que hermanas y amigas. Ellas fueron mis paños de lágrimas. Eran como dos ángeles enviados del cielo.

En ellas encontré el apoyo y el cariño que necesitaba. ¿Qué haríamos sin los amigos? ellos son un verdadero regalo de Dios.

Proverbio 18:24 dice: "El hombre que tiene amigos ha de mostrarse amigo; y amigo hay más unido que un hermano".

Mis amigas y yo nos separamos porque me mandaron a vivir a Nagua a casa de mi mamá. Allá nadie sabía nada de mi vida. Pero no era fácil para mi tratar de empezar una nueva vida con una familia que apenas conocía, además no tenía amigas y me sentía muy extraña en ese lugar.

En la casa de mi mamá vivía su familia completa, sus padres, dos hermanos, y tres hijos más que tenía mi mamá. Quisiera decir lo contrario, pero lamentablemente allí también sufrí mucho. Me sentía tan desesperada, el vacío dentro de mí era tan grande que ni todas las aguas del inmenso mar podían llenarlo y en medio de la desesperación intente suicidarme con 70 pastillas.

A la media noche aquellas pastillas comenzaron hacerme efecto, y sentía que me estaba muriendo. En medio de la agonía y de sentir la muerte tan cerca de mí me acordé que los que se suicidaban no entraban al reino de los cielos, y fue entonces cuando clamé al Señor y le dije: "Dios mío me estoy muriendo, ¡ayúdame! yo no me quiero morir, pero no encuentro una razón para vivir". ¡Dios escuchó mi clamor! un corazón contrito y humillado no despreciaras Tú, oh Dios. Salmos 51:17.

En medio de la agonía vi a un personaje bien alto y fuerte que se paró frente a mi cama, y me decía: "No cierres los ojos, mantenlos abiertos, lucha." Hubo un momento donde no pude mantenerme despierta y sentí que algo salió de mi cuerpo, mi alma había salido e iba volando hacia arriba, pero oí una voz muy fuerte que dijo: Regrésala." Volví al cuerpo y aquel personaje permanecía allí, y solo oía cuando me repetía una y otra vez: "No te puedes dormir, si te duermes, te mueres". El Señor me había enviado a un ángel y estuvo conmigo hasta el amanecer.

En la mañana temprano mi abuela me encontró casi desmayada y empezó a pedir ayuda. En ese momento llego uno de mis hermanos y ella le dijo: "por favor llévala al hospital, se está muriendo." Mi hermano le contestó: "yo no la voy a llevar al hospital, y si ella se tomó esas pastillas para suicidarse, entonces que se muera."

Pero Dios no me dejó sola. En ese mismo instante en otro lugar había una señora vendiendo números de lotería y ella dice que mientras iba vendiendo los números, había una voz que le decía en la mente: "Ve a la casa de Sandy, corre a su casa." La señora dice que la voz era tan insistente que ella dejo la rifa de lotería y fue a la casa. Cuando ella llegó me encontró casi desmayada, me levantó y buscó un vehículo para llevarme al hospital. Esa mujer no era cristiana, y se dejó usar por Dios, el Señor usa a quién él quiere y como él quiere, si Dios usó a una burra para hablarle a un profeta ¡cuanto más no usara a un ser humano para Él glorificarse!

Cuando llegue al hospital me examinaron y los doctores dijeron que no era necesario hacerme un lavado de estómago porque las pastillas habían hecho su efecto, pero que estaba viva por un milagro. ¡Ese doctor tenía razón! Yo estaba viva de milagro. Me dejaron en reposo y mientras descansaba entró a la habitación un doctor, digo que era doctor porque tenía una túnica blanca. Y me dijo: "No te suicides, porque Dios te ama". Esas palabras penetraron hasta lo profundo de mis entrañas y también de mi corazón.

Hebreo 4:12 dice, que la palabra de Dios es viva y eficaz, y más cortante que toda espada de dos filos; y penetra hasta partir el alma y el Espíritu, las coyunturas y los tuétanos, y discierne los pensamientos y las intenciones del corazón. »

Salí del hospital, pero nada en mi había cambiado. Aquel vacío permanecía en mí haciéndose cada vez más profundo. Caí en una depresión profunda en la cual escuchaba una voz que insistentemente me decía: ¡Suicídate!

Pero aparte de esa voz que me decía en la mente que me suicidara, también sentía en mi corazón como si una voz me hablara, era una voz suave y dulce que empezó hablarme y me dijo: Sandy ¿por qué antes de querer suicidarte no pruebas a Jesucristo?¡Pruébalo y verás que te dará resultado!

Me dije a mi misma: Es cierto lo voy a probar y me voy a convertir a Él

Quiero recordarles que yo no era cristiana, aunque me habían llevado a la iglesia cuando estaba pequeña, aún no había aceptado al Señor, y si Él me había ayudado hasta ese momento era por misericordiay porque desde el vientre de mi madre, el Señor tenía planes con mi vida. Y un diablo derrotado no iba a estorbar el propósito que Dios tenía conmigo.

Muchos se preguntarán: ¿por qué ella no aceptaba al Señor, sí a ella la había librado de la muerte? Yo creo que el trato de Dios con cada persona tiene su hora. Por mi mente no pasaba la idea de aceptar al Señor, era como si mi entendimiento estuviera cegado, y no fue abierto hasta aquella tarde que el Espíritu Santo trató conmigo. Cuando me dijeron que probara a Cristo, yo sentí que mi entendimiento fue abierto. Sentí como si acababa de descubrir un gran tesoro.

Esa tarde me fui a la iglesia con mi hermano mayor,que había aceptado al Señor Jesús como su salvador. Esa noche acepte a Jesús como mi único y verdadero Salvador. Instantáneamente sentí que algo en mi vida cambio. Recibí un gozo muy grande. Desapareció el deseo de querer morir. Me sentía la joven más feliz del mundo. Los hermanos de la iglesia me abrazaron y me hicieron sentir que eran mi verdadera familia. El pastor y su esposa me dijeron que los viera como mis padres.

¡Yo no podía entender como estas personas podían amarme sin conocerme! Empecé a ir a los servicios de la iglesia todos los días. Participaba en los retiros y también me iba con los hermanos de la iglesia a dar literatura bíblica a la calle. Muchas veces en la noche amanecía orando. ¡Quería leer la biblia en un día! Puedo compararlo como una luna de miel con el Señor, sentía hambre de Dios, y quería conocerle más y más.

Yo me sentía feliz porque no tenía prueba ni tristeza. Todo era gozo con el Señor, hasta que un día, oí decir que el cristiano que no tenía prueba debía examinarse porque de lo contrario algo andaba mal en su vida.

Yo me entristecí mucho, porque pensé que al no tener ninguna prueba significaba que El Señor Jesús no me había aceptado como su hija. Días y noche le preguntaba al Señor: ¿Señor, tú me habrás aceptado como tu hija? Pero lo que sucedía conmigo era que el Señor me estaba dando un refrigerio. Me estaba recompensando por todas las cosas que había sufrido, y a la misma vez me estaba preparando para las cosas terribles que estaban a punto de suceder.

Yo había aceptado a Jesús, pero satanás no estaba dispuesto a darse por vencido.

El problema grande era, que yo le pertenecía a Cristo, pero a la misma vez con mi vida habían hecho un pacto con satanás, y él no estaba dispuesto a perder.

A los tres meses de haberme convertido al Señor Jesucristo me bautizaron en las aguas y poco tiempo después comenzaron otra vez los ataques satánicos, pero ahora todo era diferente. Yo no estaba sola. El Señor y el Espíritu Santo estaban conmigo, y mucha gente estaba orando por mí.

Capítulo IV

Otra vez el encuentro Satánico

Capítulo IV

Después que me bautizaron en las aguas, una madrugada me levante a orar y de repente sentí que todo mi cuerpo se estaba paralizando. En la habitación se sentía un ambiente muy pesado. Mi corazón empezó a latir muy fuerte. Traté de acostarme en la cama y cuando pude lograrlo, mi cuerpo quedó inmóvil. Lalengua se me pegó al paladar; solo podía pensar con la mente y decía: ¿Señor que me está pasando?

De repente vi a un personaje alto, moreno, vestido completamente de negro, el cual se estaba aproximando a mi cama. No pude verle el rostro, porque su cabeza estaba cubierta con un manto negro. Todo lo que se veía en él era tiniebla, encima de sus hombros tenía un cuervo. Él se paró frente a mi cama y me observó por algunos segundos, creo que si hubiera durado más tiempo mi corazón no lo hubiera resistido porque su presencia era muy fuerte.

Ese demonio que me visitó era el mismo que yo veía cuando era pequeña, (San Elías- el varón del cementerio). Al principio de su visita yo creí que estaba alucinando o que me estaba volviendo loca.

Pensaba que todo era producto de mi imaginación y decidí irme a dormir con mi abuela. Para mi sorpresa el varón del cementerio fue a buscarme a la habitación de mi abuela. Desde que él llegaba su presencia me despertaba. Cuando abría mis ojos ahí estaba el mirándome. Muchas veces las mecedoras de la casa se movían solas, y los platos en la cocina los tiraban al suelo, aquello parecía una película de terror. La orden que satanás le había dado al varón del cementerio era de matarme o volverme loca si yo no le servía.

Un domingo al llegar a la iglesia mi pastor me estaba esperando y me dijo: "Sandy he sentido de parte de Dios que te vengas por unos días a mi casa para que le hagas compañía a mi hija." Yo acepté con mucho gusto sin imaginar que todo era un plan de Dios para mantenerme salva y segura en la casa del pastor. Cuando llegué a la casa del pastor no pude dormir la primera noche porque sentía que me estaba asfixiando. El demonio que me atormentaba no podía entrar a la casa del pastor, pero la influencia maligna contra mí era tan fuerte que desde afuera quería asfixiarme.

Yo me desesperaba al casi no poder respirar; pero el pastor, su esposa y sus hijos oraban fuertemente por mí. Muchas veces casi amanecían despiertos, velando para que no me pasara nada malo. En la misma semana que estaba en la casa del pastor hubo una convención evangelista en la ciudad de Samaná, fui a esa convención con la familia pastoral y los hermanos de la iglesia. Durante los días de la convención me sentía muy bien, pero la última noche de la convención evangelista sentí cuando algo espeso como una neblina negra me cubrió de la cabeza a los pies, mi cuerpo y mi mente quedaron como transformados, me sentí poseída por algo extraño.

Esa noche me dio un fuerte dolor de cabeza provocado por la influencia maligna. Estuve a punto de enloquecer y casi de morir. Al día siguiente regresamos otra vez a la casa del pastor, y el dolor de cabeza seguía mucho más fuerte, por un momento pensé que me moría; me enfermé, no comía, casi no me bañaba, y fue entonces cuando los demonios tomaron ventaja de la situación y tomaron el control de mi cuerpo y de mi mente. Ellos hablaban a través de mí, y decían que yo le pertenecía y que sin mí no podían irse.

Doy gracias a Dios, y a los pastores que me soportaron y me cuidaron durante todo el tiempo que los demonios me atormentaron. El Señor envió a la ciudad de Nagua a un Evangelista llamado José Ismael Colón a dar una campaña a la iglesia de Dios. Yo no conocía a José Colón pero los demonios que habían en mi lo conocían. Ellos le decían al pastor a través de mí que José Colón iba para Nagua a dar una campaña, y que cuando el llegará, ellos lo iban a destruir porque el siempre perturbaba sus planes.

El día que José Colón llegó a la casa del pastor, yo me encontraba sentada en la sala de la casa, y de repente oí una voz que dijo: "¡Buenas tardes! Dios le bendiga." yo no miré a ver quién me saludo, porque los demonios que habían en mi me impulsaron a salir corriendo. No soportaron la presencia del hombre que había llegado el cual era José Colón. Los demonios son mentirosos. Ellos tiemblan ante la presencia de un hombre y una mujer lleno del poder de Dios.

El diablo no le teme a un hombre o una mujer por los años que tenga en el evangelio ni por las cantidades de títulos que pueda tener. A él no le asusta saber que usted es un reverendo, un obispo, o un apóstol. A él le asusta y le preocupan aquellas personas que están dispuestas a negarse a ellos mismo para hacer la voluntad de Dios. Aquellos que se han propuesto ser verdaderos adoradores e intercesores delante la presencia de Dios. El enemigo le teme a un guerrero de oración. Él sabe que lo que no puede conseguir un ejército de soldados en una guerra, lo puede conseguir un hombre o una mujer de rodilla en oración.

El primer día de campaña del evangelistaen la iglesia no sucedió nada conmigo. Yo me encontraba en un estado deplorable y recuerdo que la esposa del pastor se puso en ayuno y oración y le dijo al Señor: "Señor por favor salva a Sandy o llévatela para que no sufra más." Dios escucho su clamor, y el segundo día de campaña me llevaron a la iglesia. Me sentaron en el primer banco de la iglesia. Mientras elpredicaba, yo oía voces que me decían: "Sal afuera y tírate encima del primer carro que encuentre". Yo intente pararme para salir y obedecer lo que las voces me decían, pero cuando intente salir, no podía mover mis pies porque estaban como amarrados, solo podía moverme para caminar hacia el altar.

Cuando el predicador terminócomenzó a ministrar, y alguien me llevó al altar. Cuando el evangelista puso sus manos en mi cabeza, caí al suelo y los demonios se manifestaron a través de mí. El Señor permitió que ellos hablaran, y ellos repetían que yo le pertenecía, y que sin mí no podían irse. Esa noche se manifestaron varios demonios, entre los cuales estaban: Anaisa pies, Santa Marta, San Miguel, Belie del can, Metrecili, y el varón del cementerio, el Señor lo reprenda. Ellos me pusieron aarrastrarme como una culebra por todo el piso. Me cuentan los testigos que me agarraron como cinco hombres y no pudieron sujetarme.

Muchos de los hermanos de la iglesia creían que el predicador no podía echar fuera a esos demonios, porque salía uno de mi cuerpo, y se manifestaba otro, pero como Dios conoce las intenciones del corazón, levantó a una anciana desde el ultimo banco donde ella estaba sentada, y hablo a través de ella por el Espíritu y dijo: "No piensen ustedes que mi siervo no tiene potestad de echar fuera a estos demonios. Mi siervo tiene potestad de echarlos fuera y aún a muchos más, pero esta noche quiero darle una lección a la iglesia. Y no piensen que mi sierva esta endemoniada porque estaba en pecado. No, ella está así, porque cuando era una niña hicieron un pacto diabólico con su vida, y satanás la reclama, pero ella es mía." Esas palabras las decía el Señor por medio de su sierva Ramonita Minaya, la cual ya se encuentra en la presencia del Señor.

Después que el Señor habló, la iglesia se humillo y comenzó a interceder. Esanoche el Señor me liberó, pero me advirtió que no me descuidara, porque de lo contrario los demonios volverían, y que mi vida dependía de ayuno y oración. Yo quede como muerta, pero estaba tan libre como una paloma. Esa noche fue la primera vez que me enteré del pacto que habían hecho conmigo, y fue cuando pude comprender, porque había recibido tantos ataques de parte del enemigo.

Después de la liberación, empecé a orar y ayunar, sabía que no podía descuidarme, porque el enemigo no se iba a dar por vencido. Durante algunos días todo fue paz y tranquilidad, pero la guerra estaba a punto de comenzar otra vez. La palabra del Señor dice que tenemos que ser sobrios y velad, porque vuestro adversario el diablo, como león rugiente, anda alrededor buscando a quién devorar. 1 Pedro 5:8.

Sabemos que el enemigo esta derrotado y su poder es limitado. Él no es omnisciente ni omnipresente, o sea no puede estar en todas partes a la misma vez,ni puede saber los pensamientos nuestros, pero aun así, el buscará toda las maneras de hacernos daños. Pero nosotros tenemos las armas más poderosas en Dios, para defendernos en contra de las asechanzas del enemigo. El arma más poderosa, es la palabra de Dios. Cada vez que el enemigo te lance un dardo para hacerte daño, tírele usted un misil con la palabra de Dios.

No olvide que la obediencia es muy importante. Cuando obedecemos la palabra del Señor y la pone por obra recibimos grandes bendiciones, y a la misma vez le damos al enemigo por donde más le duele. Una de las cosas que más le duele al enemigo es cuando obedecemos la palabra del Señor, porque él sabe que cuando andamos en obediencia, todas las puertas están cerradas para él.

Uno de los propósitos del enemigo es provocarnos a desobedecer la palabra de Dios, porque él sabe que la desobediencia es pecado, y que el pecado trae a nuestra vida grandes consecuencias negativas, perdemos muchas bendiciones, y sería una puerta abierta para que él tome ventaja de la situación.

El enemigo no puede hacer nada en nuestra contra a menos que el Señor se lo permita como sucedió en mi caso, pero si andamos en desobediencia a la palabra de Dios, es como abrirle las puertas al enemigo y darle la bienvenida a nuestra vida.

Ahora ¿cómo podemos cerrar cualquier puerta que le hayamos abierto al enemigo?¡Muy sencillo! La biblia dice: que si confesamos nuestros pecados, el Señor es fiel y justo para perdonar nuestros pecados, y limpiarnos de toda maldad. 1Juan 1:9) quizás el enemigo tratará de hacerte sentir avergonzado, y hacerte creer que Dios no te perdonará. Eso es una vil mentira. Si tú no le confiesas tus pecados al Señor, ni te apartas de hacer lo malo, Él no te perdonará,y tu vida será una ruina total. No tendrá éxitos en nada de lo que emprendas. Porque lo único que el Señor no puede hacer es perdonar al hombre si no se arrepiente.

Pero tenemos buenas noticias, la biblia dice: "El que encubre sus pecados no prosperará; más el que los confiesa alcanzara misericordia. Proverbio 28:13.

Si en estos momentos te preguntas¿por qué el enemigo me ataca tanto? Es porque Dios tiene planes maravilloso con tu vida y te quiere usar como canal de bendición para su obra. El enemigo sabe esto, y su propósito es detener la obra de Dios en tu vida, para que los propósitos de Dios no se cumplan en ti. Pero no te preocupes, tú has sido escogido por el Dios del cielo. Y ningún diablo derrotado podrá detener los propósitos de Dios para tu vida. Recuerda que si andamos en obediencia, fiel es el Señor, que os afirmara (fortalecerá) y los guardara del maligno.2 Tesalonicenses 3:3

Personalmente reconozco que fui muy desobediente al Señor, pero también era una joven con muy poca madures, tenía solo 12 años de edad. Aunque pague muy caro cada desobediencia, me siento muy agradecida del Señor Jesucristo porque en todo momento su amor y su misericordia fueron reales en mi vida. Y todas esas pruebas y tribulaciones fueron permitidas por el Señor para que su nombre sea glorificado. No hay nadie como él. ¡A mi Dios sea toda gloria honra y honor!

Capítulo V

Las consecuencias de mi desobediencia

Capítulo V

En la búsqueda Espiritual, estaba teniendo experiencia maravillosas con el Señor. Cada día sentía su presencia más cerca de mí. Pero eso no significaba que los ataques habían terminado. Al contrario estaban a punto de empezar otra vez y con más furia del enemigo.

Un día la hija del pastor empezó a sentir celos de mí. Ella sentía que a mí me querían más que a ella; pero en realidad eso no era verdad.

Nos trataban a las dos iguales. Esa situación cada día estaba peor, siempre estábamos discutiendo. Creo que en realidad ella tenía razón, si yo hubiera estado en su lugar, quizás también hubiera sentido celos de que mis padres quisieran a otra muchacha más que a mí. Las dos éramos niñas adolescentes, teníamos 13 años de edad, y no teníamos la capacidad que un adulto tiene para entender muchas cosas.

Yo decidí volver a la casa de la familia de mi mamá, porque no quería que por mi culpa la hija del pastor se sintiera mal. Antes de irme, el Señor envió a tres siervos de Él, a decirme que no me fuera de la casa del pastor, porque fue Él, quien me llevo allá para mantenerme segura, y que si volvía a la casa de mi mamá, los demonios volverían, porque allá era que estaba el peligro."

Yo le contesté al último siervo que el Señor había mandado a darme el mensaje: "Dígale al Señor que yo me voy, y que no me importa lo que él diga." Con esas palabras había firmado mi sentencia.

Volví a la casa de mi mamá, pero cuando llegué sentí que había llegado sola. No sentía la presencia del Señor y del Espíritu Santo por ningún lado. Yo sé que ellos no me habían dejado, pero tenía que pagar la consecuencia de mi desobediencia, y de la falta de respeto para el Señor. La desobediencia es pecado, y el pecado acarrea graves consecuencias, entre ellas, <LA MUERTE.>

No paso una semana de estar en la casa de mi mamá, cuando el varón del cementerio volvió a visitarme. Las veces anteriores que él me visito nunca me hablo, solo me miraba. El varón del cementerio es mudo, pero esta vez me habló. No lo hizo con su boca, pero en el pensamiento supe la orden que me dio. Y me ordenó que me ahorcara.

Me fui al baño y empecé apretarme la garganta, sentí cuando una mano como la de un hombre fuerte tomó posesión de mi mano y me ahorcaba fuertemente, pude reaccionar rápidamente, y quise quitar la mano de mi cuello, pero no podía y dije: "Dios mío ayúdame." Amados míos, por primera vezen mi vida, oí la voz de Señor audible, tan fuerte como un trueno que me llamó por mi nombre diciéndome: "Sandy ¿Que estás haciendo? A la misma vez que su voz hablo, sentí cuando las manos del demonio que me estaba ahorcando fueron arrebatadas de mi cuello. Quede con la garganta enrojecida y muy inflamada. No podía hablar, pero poco a poco me fui recuperando. Lo más importante de todo, es que estaba viva gracias a la misericordia de Dios.

Yo me descuide espiritualmente. No estaba descarriada, pero casi no oraba. Notenía mucho deseo de ir a la iglesia y lo peor de todo, me fui en desobediencia a la casa de mi mamá. Los ataques espirituales eran cada día peor. Nadie podía ayudarme, y en mi desesperación le dije a un vecino las cosas que me estaban pasando, me dijo, que conocía un brujo que podía ayudarme. Yo estaba consciente de que la biblia prohíbe consultar a los brujos, pero aun así, decidí ir a consultar al brujo.

Cuando llegue al lugar, me sentía muy asustada, allí habían muchas personas que también querían ver al brujo. Yo fui a la cocina de la casa, y un hombre alto, vestido de rojo se paró frente a mí y me dijo: ¡Bienvenida, te estaba esperando! Abrázame, porque tú tienes miedo y al darme un abrazo el miedo se te va a quitar." Yo lo abracé con mucho temor y sentí que algo caliente salía de su cuerpo y se transmitía al mío, y al instante el miedo se me quitó.

Cuando toco mi turno de verlo a él; yo pensé que tenía que decirle toda mi vida, pero él me sorprendió cuando sin decirle nada empezó a decirme toda mi vida. Ese día el brujo estaba trabajando con Candelo, un demonio de la 21ª división. El brujo me dijo, que él trabajaba con el gran poder de Dios y el Espíritu Santo. Yo le dije, que dejemos al Espíritu Santo tranquilo porque él no moraba en ese lugar, y el brujo me contestó: "Contigo no tengo que usar careta." Eso significaba que a mí no tenía que engañarme, porque en realidad yo le conocía.

Para engañar a mucha gente, y hacerle creer que no todos los brujos son malos ni que no todas las brujerías son malas, muchos de ellos tienen la biblia abierta encima de la mesa donde tienen todas las imágenes. También dicen que trabajan con el gran poder de Dios, con el niñito Jesús, y con San Miguel, para así engañar a muchas gentes, haciéndole creer que todo eso proviene de Dios.

De la misma manera que satanás engaño a Eva en el huerto del Edén, le ha engañado a usted, y quiere seguir engañando a toda la humanidad. Las escrituras dicen que él se disfraza como Ángel de luz. El engaño es una de sus armas más efectivas. Cuando usted consulta a un brujo o adivino, lo primero que él le dice es que en usted hay una luzy que eso es algo grande y bueno que Dios quiere realizar por medio de usted. Y que si no lo realiza algo malo puede acontecerle a usted o a su familia. Pero todo eso es una vil mentira de parte del enemigo.

Cuando estaba con el brujo, él me dijo que yo había ido allá, porque todas las noches a una misma hora veía a un personaje alto, moreno, que se vestía de negro, y que encima de sus hombros tenía un pájaro bien grande. Me dijo que su nombre era "San Elías, también llamado el Varón del cementerio" y que su propósito era matarme o volverme loca si yo no le servía. Me dijo que mirará todas las imágenes que él tenía en el altar. Yo miré y me dijo: "Al varón del cementerio no lo tengo junto con esas imágenes. Lo tengo separado con otras imágenes debajo de la mesa, porque a él lo uso para hacer trabajo especiales y muy peligroso, como para matar y destruir."

Yo le contesté, que había ido allá para decirle que no los quería a ningunos de ellos; porque yo amaba a Jesús". Él me contestó: "Pues yo lo odio a él. ¿Sabepor qué lo odio a Él? Porque yo estaba allá arriba con Él, yo era semejante a Él, pero Él me destronó de allá arriba, y ahora yo soy amo y señor de este mundo." Yo creí que al principio estaba hablando con Candelo, porque con él erael brujo que estaba trabajando ese día, pero fue grande mi sorpresa cuando me di cuenta que estaba hablando conel mismo satanás,(el Señor lo reprenda).

Antes de saber que estaba hablando con satanás, el brujo también me dijo que cuando mi mamá estaba embarazada de mí, le echaron una brujería con el propósito de matarla, pero que la brujería la recibí yo, y que por eso estuve a punto de morir en el vientre de mi madre. Me dijo que todo lo que a mí me pasaba, provenía por parte de mi mamá, y que él podía probármelo. Me dijo, cuando tú estás con tú mamá, tu no sientes miedo y los espíritus no te atormentan, pero cuando ella no está, los espíritus no te dejan tranquila, es porque el espíritu que hay en ella es muy fuerte, y le ordena a los que te atacan a ti, que te dejen tranquila mientras tú estás con ella.

El brujo me dijo, que mi mamá y yo íbamos a trabajar la brujería juntas, y que ese era unos de los propósitos que ellos tenían conmigo. Al principio yo me preguntaba: ¿cómo este brujo sabe todas estas cosas, si ni siquiera me conoce? pero claro que me conocía muy bien, porque yo no estaba hablando con el brujo, sino con el mismo satanás que había tomado posesión de su cuerpo.

Cuando supe que era Satanás, le dije que yo sabía que Dios podía librarme de sus manos, y él me contesto: «Y si Él puede librarte de mí manos, ¿Qué haces tú aquí?No pude contestarle nada, porque él tenía razón, yo no tenía que ir a buscar nada en aquel lugar. Me paré de donde estaba sentada, y le dije que me iba, y él me contestó: ¿Te acuerdas lo que te pasó en San Cristóbal cuando tú tenías 11 años de edad? Yole pregunté: ¿Que me paso? Y él me dijo: ¿"Cuando te violaron, no te acuerdas que te dieron un refresco rojo, y tú te lo bebiste"? dentro de ese refresco había una droga, y me dijo el nombre de aquella droga. Continuo diciendo: "no te diste cuenta de lo sucedido por el efecto que hizo la droga en ti."

Yo le pregunté: ¿Cómo tú sabes todo eso? Y él me contestó: "Yo estuve allí, y fui el causante de todo lo que te paso". Me dijo el lugar, la hora, y la fecha de todo lo ocurrido, le dije que me iba de ese lugar. Y él me contestó: "Si, te vas, pero nos volveremos a ver". Yo le contesté: ¡Eso lo veremos!

Al salir de aquel lugar, sentí una carga y una opresión terrible encima de mí, pero aun así, no sentía el deseo de orar ni de ir a la iglesia. Creo que me había dado por vencida, y fue entonces, cuando Dios permitió que tuviera un encuentro cara a cara con la muerte. Créanme que desear morir es una cosa, y verse frente a frente a la realidad es otra cosa muy distinta. El morir en Cristo es ganancia, pero morir en desobediencia y sin el Señor, ¡es un fracaso eterno, total y rotundo!

Capítulo VI

La muerte, el infierno y una nueva oportunidad

Capítulo VI

Después del el encuentro que tuve con Satanás, en vez de hacer un esfuerzo y buscar más de Dios, cada día me alejaba más de él. Dejar de orar e ir a la iglesia, significaba cederle terreno al enemigo.

Al cumplir 15 años de edad, caí gravemente enferma. Tenía una terrible infección en el riñón izquierdo y estaba orinando sangre. Realmente me encontraba muy grave.

En la iglesia estaban orando fuertemente por mí, pero no había ninguna mejoría. En mi angustia clame al Señor y le dije que si me levantaba de esa cama, yo le prometía buscarle con todo mi corazón.

Dios escuchó mi oración. Y a los pocos días salí de la clínica. Yo no le cumplí la promesa al Señor. Y fue entonces cuando otra vez caí gravemente enferma.

El doctor no aseguraba mi vida, y estaban esperando 72 horas para ver como reaccionaba, de lo contrario no había muchas posibilidades de vivir.

Prometerle al Señor y no cumplirle es un peligro muy grande. La biblia dice: cuando hagas una promesa a Dios, no tardes en cumplirla, porque Él no se deleita en los necios. La promesa que le haces, cúmplela. Es mejor que no prometas, a que prometas y no cumplas. No permitas que tu boca te haga pecar, y no digas delante del mensajero de Dios que fue un error. ¿Por qué ha de enojarse

Dios a causa de tu voz y destruir la obra de tus manos? Porque en los muchos sueños y en las muchas palabras hay vanidades; tu, sin embargo, teme a Dios". Eclesiastés 5:4-7

No sé decirle en qué periodo de tiempo, ni por cuanto tiempo mi alma salió de mi cuerpo. En la gravedad que tenía, oí una voz que me dijo: "Ahora te vas para el infierno." Enseguida vi a un demonio que me vino a buscar. Era alto, con apariencia de hombre, pero todo su cuerpo lo tenía lleno de pelos como de mono, su cara era de animal (parecida a un murciélago) tenía unas alas muy grande atrás, y sus uñas eran largas, y a la misma vez las tenía encorvadas. Parecían a las uñas de las gallinas. Aquel demonio era horrible. Nunca podré olvidar su fea y rara apariencia. El me agarró por el brazo izquierdo, y comenzamos a volar hacia arriba, como quién iba para el cielo, a una velocidad que parecía un cohete.

Luego que llegamos a un lugar allá arriba en el espacio, en vez de seguir subiendo comenzamos a descender. Mientras más descendíamos, más oscuro era aquel lugar. Parecía que estábamos descendiendo por un abismo. Luego me introdujo por un túnel. Ese túnel era largo y oscuro. Olía a podredumbre, y azufre y se sentía húmedo.

Yo trataba de quitar sus manos de mi brazo, pero no podía tocarlo. Era como tratar de querer agarrar el aire. En mi desesperación comencé a clamar a Dios, pero era como que Él no me escuchaba, como si no existiera en ese lugar. Yo gritaba: "Oh Dios, ten misericordia de mí, yo no quiero ir al infierno, dame otra oportunidad." Pero todo era inútil. No había respuesta, y mientras más clamaba, más rápido corría aquel demonio con mi alma. Quiero decirle que aunque me encontraba muerta, mi alma que iba para el infierno estaba viva. Yo podía hablar, oír, oler, sentir, tenía todos mis sentidos, y sabía que iba al infierno por desobediente.

Cuando estábamos llegando al final del túnel, pude ver una luz muy opaca que se prendía y se apagaba. Y en un momento que la luz se prendió, vi que al final del túnel había otro abismo, y que ahí era que mi alma iba a caer, pero a mí no me asustó tanto el saber adónde iba, a mí me asusto oír, que otras almas estaban cayendo en aquel lugar. Sus gritos eran desesperantes y decían al caer: Nooooooooooooo. Cuando yo también iba a caer por ese abismo, grité con toda mi alma y con todas mis entrañas: "SEÑOR TEN MISERICORDIA DE MI, YO NO ME QUIERO IR AL INFIERNO, DAME OTRA OPORTUNIDAD." al mismo instante de caer, oí una voz como un trueno fuerte que habló, y a la misma vez que habló, caían rayos al túnel y relámpagos. Y esa voz con poder y autoridad dijo: SUELTALA ELLA NO TE PERTENECE, ELLA ES MIA.

Inmediatamente el demonio me soltó, y largaba chillidos, sus pelos se le pararon, salió corriendo, y se fue por el abismo. Yo quede sola en el túnel, pero al instante, un resplandor de luz me rodeo, y un personaje alto se paró a mi lado. Él no me permitió ver su cuerpo. Solo me permitió ver su brazo, y un poco de las manga de su vestidura la cual le colgaban, su vestiduras era tan blancas y resplandecientes que no hay palabras humanas para describirla. El me agarró por mi brazo izquierdo, y me permitió acariciar su mano, pero no me dejo verlo completamente, porque todo en Él era luz. Sé que era Jesús porque en sus manos estaban las marcas de los clavos.

El Señor me sacó de aquel lugar y me devolvió a mi cuerpo. Recuerdo que me puso en la boca un biberón muy pequeñito y me dijo chupa." Cuando empecé a chupar, estaba saboreando algo que era tan puro y dulce como la miel, pero no era miel. Yo sentía cuando esa sustancia iba bajando por todo mi cuerpo como si fuera un suero que tenía que ser suministrado lento, sentí cuando me llegó hasta las planta de los pies, y mientras iba bajando por mi cuerpo, yo sentía que me estaba fortaleciendo. Sentí que volví a nacer de nuevo, y estaba tan fortalecida que al día siguiente salí de la clínica. Yo no podía entender como esa sustancia tan pequeñita que me dio el Señor, podía cubrir mi cuerpo entero hasta fortalecerlo. Pero para Dios no hay nada imposible. Una de las mentiras más grande que satanás quiere hacerle creer a la gente, es que la manera más fácil de resolver sus problemas es muriéndose, en otras palabras « suicidándose ». Porque al suicidarse se acaban todos los problemas y por fin descansan de este mundo. Lamentablemente muchas personas han creído su mentiras, y han terminado suicidándose. La biblia dice que satanás es padre de toda mentira. Por lo tanto todo lo que él te diga es mentira. Si él te dice en la mente que te suicides porque muerto estarás mejor, significa que si te suicidas, tu alma se ira a un lugar de tormento por una eternidad, y allí no habrá nadie que pueda ayudarte.

Muchos piensan que al morir, ahí termina todo, es lo contrario, al morir es donde comienza la verdadera eternidad. Estamos compuestos por cuerpo, alma, y Espíritu. El cuerpo es como la vestidura que cubre el alma, es como la ropa que usamos para cubrir nuestro cuerpo, y no andar desnudos. Cuando morimos nuestro cuerpo queda inerte sin vida, porque quién lo hacía moverse y sentir era el alma, en la cual se encuentran todas las emociones, y el Espíritu, ese soplo de vida vuelve a Dios. El alma es la que pasa a la eternidad. Pero nosotros elegimos a qué lugar queremos ir. Hay dos caminos: El cielo y el infierno.

El único camino que hay para ser salvo y tener una eternidad segura y sin ningún tormento, es a través de Jesucristo el hijo de Dios. Jesús es el camino, y la verdad y la vida; nadie viene al padre, sino es por él." San Juan.14:6.

Si estamos en Cristo Jesús, ninguna condenación hay. Claro, que es para lo que no andan conforme a la carne, sino conforme al Espíritu. Romano 8:1

¿Qué es andar conforme a los deseos de la carne? Las obras de la carne son: adulterio, fornicación, inmundicia, lascivia, idolatría, hechicerías, enemistades, pleitos, celos, iras, contiendas, disensiones, herejías, envidias, homicidios, borracheras, orgias, y cosas semejantes a estas; y el apóstol pablo nos amonesta diciendo que los que practican tales cosas no heredarán el reino de Dios. Gálatas 5:19-21>

Yo sé que usted lo menos que desea es perder su salvación, y mucho menos andar en desobediencia. Pero dentro de usted hay una lucha interna, su Espíritu desea hacer la voluntad de Dios, pero su carne le impulsa hacer las cosas que a Dios no le agrada. El Señor sabe y conoce sus debilidades.

Dice las escrituras que el deseo de la carne es contra el Espíritu, y el del Espíritu es contra la carne; y estos se oponen entre sí, para que no hagáis lo que quisiereis. Gálatas, 5:17.

¿Cómo sabemos que andamos conforme al Espíritu? ¡Pues muy sencillo! A través de nuestros frutos ¿Cuáles son esos frutos? son los frutos del Espíritu, que es el amor, el gozo, la paz, la paciencia, la benignidad, la bondad, la fidelidad, la mansedumbre, el dominio propio; contra tales cosas no hay ley. Gálatas 5:22-23>

Usted no está solo en esta lucha. Usted tiene el respaldo del Señor y la ayuda constante del Espíritu Santo. Dios no le dejará solo. Pero recuerde que usted también debe poner de su parte. No permita que el enemigo lo siga usando como títere, haciendo de usted lo que a él se le antoje en el momento que quiera y donde él quiera.

No se exponga a la tentación, no la busque, porque ella llega sin buscarla; pero cuando llegue encomiéndese al Señor, que él no le desamparará. La biblia dice: "Bienaventurado el hombre que soporta la tentación; porque cuando haya resistido la prueba, recibirá la corona de vida que Dios ha prometido a los que le aman". (Santiago 1:12.)

Cada vez que cedemos a una tentación perdemos una bendición. ¡Pero no se desanime! Si usted ha caído, levántese en el nombre de Jesús, acérquese confiadamente al trono de la gracia, para alcanzar misericordia y hallar gracia para el oportuno socorro. Hebreo 4:16)

Solo le pido que se proponga una meta en su corazón de no permitir que nada, ni nadie le haga perder su salvación. Si nadie se quiere ir con usted al cielo, no se vaya usted con nadie al infierno. Es cierto que la salvación es por gracia, pero si insistimos en permanecer en pecado, o si la muerte o el rapto de la iglesia nos sorprenden, nos vamos a perder. De nada nos vale ser heraldo para otros, y que a al final perdiéramos nuestra salvación.

A usted, que Dios le ha dado el privilegio de conocer el evangelio, no retroceda para atrás, siga adelante peleando la buena batalla.

Si tropezaste en el camino, levántate otra vez, todos los que han llegado muy lejos tropezaron en el camino, pero decidieron levantarse, esforzarse y seguir adelante. Esta carrera no es de quién empieza, sino del que termina.

"Aunque andemos en la carne, no militamos según la carne; porque las armas de nuestra milicia no son carnales, sino poderosas en Dios para la destrucción de fortalezas, derribando argumento y toda altivez que se levanta contra el conocimiento de Dios, llevando cautivo todo pensamiento a la obediencia a Cristo". 2 Corintios 10:3-5)

Capítulo VII

Más allá del Límite

Capítulo VII

Después de la oportunidad que el Señor me dio de volver a la vida, yo no le cumplí la promesa de servirle, ni siquiera fui a la iglesia para reconciliarme con él. Al contrario, cumplí 16 años de edad; y me fui a vivir a New York con mi mamá. Me sentía muy feliz al saber que me iba a reunir con mi madre y que viviría con ella por muchos años.

Es un peligro prometer y no cumplir nuestra promesa. Porque el Señor no se complace en los insensatos.

Cuando nos encontramos en apuros, prometemos hasta lo que no tenemos, pero muchas veces solemos ser no agradecidos del Señor. Yo era una persona que solo clamaba a Dios cuando estaba en apuros.

A veces vamos a la iglesia buscando un favor de Dios, buscando que Él nos sane, buscando que él nos ayude con nuestra necesidades, y nada de eso es malo, al contrario, Dios sana, liberta, prospera, ayuda y bendice a los que confían en él, pero es bueno que si vamos a la casa del Señor, vayamos a buscar algo más que eso. Busquemos algo más que sus favores. Busquemos su presencia. Busquémoslos por amor. No lo busquemos solo por los beneficios que Él nos da. Busquemos las cosas de arriba y las demás, Él la añadirá.

Si el Señor hubiese permitido que las cosas materiales que nosotros poseemos o deseamos poseer tales como: una casa, un carro, una esposa, un esposo, los hijos, los títulos académicos, las joyas, las cuentas de banco, etc., nos hubieran hecho feliz, nosotros no estuviéramos buscando del Señor, pero dentro de nosotros hay algo, que no nos deja ser feliz con nada, sino solamente con Cristo.

Yo pensé que al llegar a New York sería muy feliz, pero fue todo lo contrario. Al principio no fue fácil adaptarme a vivir en New York. Casi no conocía a nadie. No hablaba el idioma, y en la escuela me sentía muy extraña. Empecé a tener problemas emociónales. Me sentía sola, llena de temor, de inseguridades, y mi autoestima estaba por el suelo. Había crecido con una autoestima muy pobre, y toda mi vida era un conflicto. Yo deseaba tener a alguien que me protegiera, me amara, y que llenase el vacío que había dentro de mí, el cual cada día se hacía más grande. Tenía a mi mamá, pero al no criarme con ella, no le tenía mucha confianza, y casi no había comunicación entre nosotras.

Satanás, ni el varón del cementerio se habían olvidado de mí. Al contrario, muy pronto iba a recibir su visita nuevamente. Una noche fui despertada por unos pasos que parecían de un gigante. Y según se iba acercando a mi habitación se sentía un fuerte olor a vela. Mi cuerpo comenzó a temblar como una gelatina. Pensé que me iba a dar un ataque al corazón. Vi cuando un personaje grande, alto, vestido completamente de negro, se paró frente a mi cama y luego se acostó encima de mí. Su cuerpo era tan pesado, que yo sentía que me estaba asfixiando. No podía hablar, ni moverme. Mi lengua estaba pegada al paladar. Ese demonio era el varón del cementerio, (el Señor lo reprenda), empezó a besarme y su respiración parecía como la de un toro feroz.

El me hizo suya, y luego se fue. Cuando él se fue, el olor a vela también desapareció, pero toda mi boca olía y sabía a vela. Su visitas era tan frecuentes que le perdí el miedo, y me acostumbre a que el me visitara todas las noches. Yo sabía cuándo él estaba llegando, porque con su presencia todo el ambiente olía a vela. Él llegaba como a las 00: AM. Y cuando él no iba me sentía preocupaba. Me quedaba despierta hasta altas horas de la noche esperando que el llegará. Él me había convertido en su esposa, y yo no sentía ningún interés de enamorarme de nadie, porque con él me sentía satisfecha. En todo caso de que me enamorara de alguien podía tener muchos problemas, porque el que le sirve a los demonios no puede tener el hombre o la mujer que uno decida, sino el que ellos quieran o elijan para él.

Yo me acuerdo que un día me enamoré de un hombre al que quise mucho, él también me amaba. Pero de repente me tomo el odió, no quería verme, sufrí mucho porque de verdad lo amaba, y no entendía el por qué, él me odiaba. Un día estuve un encuentro con el varón del cementerio a través de un brujo. Y le pregunte: ¿por qué mi novio me odiaba? El me contesto: tú sabes que no podías enamorarte de él, porque nosotros tenemos un hombre preparado para ti, y no es a quién tú elijas, sino el que nosotros elijamos para ti, como te enamoraste de él, nosotros hicimos que él te odiara, porque él no cree en nosotros." Cuando el varón del cementerio se refería a nosotros, estaba hablando de èl mismo, y de satanás, (el Señor lo reprenda).

Yo le puse un altar al varón del cementerio. En el altar había una vela, agua florida, una taza de café, y una imagen de él. Yo había traspasado los límites, ¡olvidándome de lo que Dios había hecho conmigo, y de donde me había sacado! Todo lo que estaba haciendo, y lo que había hecho era para que El Señor Jesucristo me mandara no muerta al infierno, sino que me echara viva por desobediente y abusadora, digo abusadora, porque eso era abusar de la gracia y la misericordia de Dios. Pero le recuerdo que en todo esto había un plan de Dios.

Ante de continuar con mi testimonio quiero dejarle saber que todas las cosas que a mí me estaban pasando, Dios lo estaba permitiendo porque Él quería que yo conociera del mundo espiritual, y mostrarme de cómo operan los demonios. Y para que el Señor se glorificase en mi vida de una manera poderosa como lo ha hecho hasta este momento. Algunas personas me dicen que yo era muy dura, pero no era que yo, endurecía mi corazón para buscar del Señor, sino que el mismo Señor era que permitía que se endureciera, porque era de la única manera que podía aprender las cosas que Él quería mostrarme y enseñarme.

Recuerdo la historia de Moisés cuando Dios le dio la orden de ir a hablar con el Faraón, para que dejare ir a su pueblo Israel. El Señor le advirtió a Moisés que el endurecería el corazón a Faraón, de modo que no dejara ir al pueblo. Éxodo.4:21.

Esto parece no tener lógica, porque primero vemos que Dios envía a Moisés a Faraón con la orden de dejar ir a su pueblo para que le adore, y luego vemos que el mismo Dios, le dice a Moisés que endurecería el corazón a Faraón de modo que no dejara ir al pueblo , pero la respuesta a todo esto es simple ¡El Señor quería mostrar en el Faraón su poder, para que su nombre sea anunciado en toda la tierra!

Dice en Éxodo 14:4, 'Y yo endureceré el corazón de Faraón, y el los perseguirá; y yo seré glorificado por medio de Faraón y de todo su ejército, y sabrán los egipcios que yo soy el Señor".

Dios envío 10 plagas a Egipto. En las primeras 6 plagas Faraón se mantuvo firme en no dejar ir al pueblo. Pero vemos como en las últimas cuatro plagas, Faraón decide dejar ir al pueblo. En la plaga de granizo, Faraón envía a llamar a Moisés y Aarón, y reconoce que ha pecado, y le pide a Moisés que ore a Jehová para que cesaran los truenos de Dios y el granizo, y él dejaría ir al pueblo. Pero cuando Faraón vio que la lluvia y el granizo había cesado, se obstino en pecar, y endureció su corazón. Éxodo 9:27-28.

Yo cometía el mismo pecado que el faraón, cuando me veía en peligro clamaba a Dios para que me ayudara y le prometía servirle, pero cuando todo estaba bien me olvidaba de las promesa que le había hecho en los momentos de desesperación.

El Señor permitió que se endureciera mi corazón para mostrarme su poder, su amor y su misericordia. Si no fuera así, Él no me hubiera dado tantas oportunidades. Si Él hubiera querido, permite que muriera aquel día que me tome las 70 pastillas, enviándome al infierno, y no dándome la oportunidad de volver a la vida como Él lo hizo. El Señor sabía que no le iba a cumplir la promesa de servirle en ese momento, aunque se lo había prometido de todo corazón.

En una de las visitas que me hizo el varón del cementerio, me ordenó que le hiciera daño a mi mamá. Yo le dije que a mi mamá no la tocaba, y para evitar hacerle algún daño, yo misma trataba de mantenerme encerrada en mi habitación. Mi mamá se quejaba de que yo solo quería estar encerrada, pero ella no se imaginaba, que esa, era de la única forma en que podía evitar que los demonios le hicieran daño a ella también, y peor aún, que me usen para hacerle daño . El enemigo quería destruir a mi mamá, y quería usarme como canal para llevar a cabo sus planes. Quiero recordarles que aunque el varón del cementerio es mudo, él tiene su manera de comunicarse con las personas que le sirven a él.

Cambios de personalidad

Yo sentía una desesperación terrible dentro de mí, y empecé a tener cambios de personalidad. En mi se manifestaban tres personalidades diferentes. Una de ella era una niña pequeña de algunos 7 años de edad. Cuando poseía mi cuerpo, me hacía reaccionar como una niña. La otra personalidad, era una joven de mi misma edad, cuando ella tomaba posesión de mi cuerpo, yo era una persona completamente distinta, sentía que el mundo era mío, y todo lo que deseaba lo obtenía; solo tenía que pedirlo, era como si el mismo satanás, (el Señor lo reprenda), me lo enviara. Esta personalidad era muy inteligente. Algunas veces en tiempo de exámenes, tomaba posesión de mí, y me hacia el examen.

La otra personalidad era de alguien que quería destruir todo lo que tenía alrededor, solo Dios pudo evitar que ese demonio no hiciera todas las cosas malas que se proponía hacer a través de mí.

Después de mi experiencia con los cambio de personalidad entendí que cuando una persona le hace daño a alguien, no es la persona que quiere hacerlo, sino los demonios a través de ella. Por eso es que muchas veces cuando oímos la noticia de que alguien cometió un delito, la persona algunas veces dice que no sabe cómo lo hizo, o que escuchó una voz que le dijo que lo hiciera. Esas voces son de demonios enviadas por satanás para atormentar a las personas hasta el punto de enloquecerla o matarla.

La Biblia dice que el ladrón (satanás) no viene sino para hurtar y matar y destruir; pero Cristo ha venido para darnos vida. (San Juan 10:10.)

El enemigo busca robarte el gozo, la libertad, viene para matarte y para destruir tu vida, tu familia. Pero solo Jesús puede deshacer sus obras perversas en contra tuya y de tus seres queridos. Solo Jesús puede darte vida y librarte de las garras del enemigo. Usted que se encuentra atado por el enemigo o que está recibiendo ataques diabólicos, no piense que no hay ninguna esperanza para usted. Venga a los pies del Señor. Su deseo es ayudarle, hacerle libres de toda cadena y de toda opresión. Dios ha permitido que muchas personas vivan estas experiencias que estoy compartiendo con ustedes para que vean y conozcan las maquinaciones del enemigo. Pero también para que usted se dé cuenta de que el Señor Jesús es Todo Poderoso para librarle de cualquier atadura del diablo.

No importa lo que usted haya sufrido, ni los planes que el enemigo tenga en contra suya. Si usted viene a Cristo, Él le libertará, le dará paz, y gozo. En el Señor usted encontrará una familia muy grande. No le permita al enemigo que siga destruyendo su vida. Decídase por Jesucristo el dador de la vida eterna. El diablo esta vencido. El Señor lo venció, y lo derrotó. Busque de Dios. El desea ayudarle, y desea usar su vida como canal de bendición para las vidas de otras personas. Usted no nació por casualidad. Usted está en este mundo por un propósito. Y Dios cumplirá ese propósito en usted.

Capítulo VIII

Al borde de la locura

Capítulo VIII

Cuando alguien se niega a obedecer las órdenes o los caprichos del enemigo, esa persona puede ser castigada fuertemente. Puede estar en peligro de muerte o simplemente: "AL BORDE DE LA LOCURA."

El castigo que me dieron los demonios por no obedecer la orden de hacerle daño a mi mamá, fue de volverme loca. Estuve en psiquiatría por mucho tiempo. La primera vez que me ingresaron al hospital psiquiátrico dure casi un mes interna. Fue algo traumatizante para mí.

Nunca había estado en un hospital psiquiátrico, y al llegar allí, me quede traumatizada al ver tantas personas que parecían llegada de otro planeta. Sus mente estaban completamente fuera de la realidad, otros parecían niños, y otros estaban allí porque las voces los atormentaban, o simplemente porque se querían morir.

Yo me preguntaba: ¿Que habrá marcado la vida de estas personas para estar en psiquiatría y llegar al estado deprimente de la locura? Había algo que me llamaba la atención en algunos de esos pacientes. Y es que en medio de su trastorno mental, eran muy amables y muy cariñosos. Pienso que inconscientemente, ellos estaban dando el cariño que a la misma vez deseaban recibir.

Dios está muy interesado en aquellas personas que se encuentran recluidas en esos hospitales psiquiátricos olvidado por muchos de sus familiares, y aun por el mismo pueblo de Dios. En el hospital me daban diferentes pastillas. Yo había entrado normal, pero después de tomar esas pastillas, me vi en la misma condición que los demás pacientes. Al principio solo dormía, no tenía ánimo ni fuerza para hacer nada. No se a donde se había ido mi mente. A veces mi mamá iba a verme, hablaba algunas palabras conmigo, y luego no recordaba que ella me había ido a ver.

Las reacciones que había en mi cuerpo y en mi mente eran solo temporal hasta que las pastillas pudieran hacer su efecto, y mi cuerpo se adaptara a ellas. Los hospitales psiquiátrico se convirtieron en mi hogar, hasta el director del hospital me conocía. Cuando estaba fuera del hospital los demonios me atormentaban, pero cuando estaba en el hospital me dejaban tranquila. Como no podían matarme, se habían propuesto volverme loca. Me hice adicta a las pastillas de dormir, y muchas veces tomaba más pastilla de la que el doctor me había indicado.

Hay algo que quiero decirle, ir a un psiquiatra o visitar a un psicólogo no es malo, al contrario fue el mismo Dios que les dio la sabiduría y la capacidad para que ellos puedan ayudar a las personas que lo necesitan. Tomar medicinas tampoco es malo. Dios le dio la sabiduría al hombre para hacerla, y suplírsela a todas las personas que la necesiten. Ahora, hay enfermedades que son provocadas por los demonios, y solo Jesucristo es la medicina eficaz que puede sanarnos y libertarnos de ellos.

Cuando una persona esta atormentada por estos demonios, no hay medicinas que pueda ayudarlo, y lamentablemente la ciencia médica desconoce de todo esto. Muchas veces los doctores me decían que para sanarme tenía que tomarme las medicinas. Pero los demonios no salen con medicina. Ellos salen únicamente en el nombre de Jesús.

El Señor dice en su palabra: « Y esta señales seguirán a los que creen: En mi nombre echarán fuera demonios; hablarán nuevas lenguas; sobre los enfermos pondrán sus manos, y sanarán ». San Marcos 16:17).

Hay muchos casos en los cuales las medicinas son muy necesarias. Por ejemplo, hay personas que sufren de ciertos desbalances químicos en el cerebro, provocando reacciones negativas en la personalidad, afectando su carácter y su estado de ánimo. En ese caso, las pastillas se encargan de regularizar el funcionamiento de esos químicos en el cerebro, permitiendo que poco a poco las personas se vayan recuperando hasta estar completamente sanas.

Se puede comparar con una persona que sufre de diabetes. Si la persona no se pone en tratamiento médico y no se toma sus medicinas o se pone la insulina, probablemente esa persona pueda recaer o pueda morir.

Yo creo 100% que el Señor sana. Y también creo que él puede glorificarse a través de los médicos. Dios obra por senderos misteriosos. Muchas personas creen que ir a un doctor es pecado o que significa que usted no tiene fe en Dios. Yo más bien creo que eso es ignorancia. Ir a un doctor no es pecado.

Personalmente cuando me siento quebrantada de salud, oro y pido la oración para que el Señor me sane. Si no pasa nada, y mi salud sigue igual o peor, entonces voy al doctor. Si me sano con la medicina que me dio el doctor significa que lo que tenía era una dolencia física, no un ataque de demonios, porque los demonios no salen con medicinas, sino con el poderoso nombre del Señor Jesús.

Ahora, si al ir al doctor no me encuentran nada, y sigo enferma, entonces sé que son ataques del enemigo, los ataques del enemigo no salen en exámenes médicos. El Señor puede sanarle instantáneamente, pero muchas veces Él desea glorificarse a través de las ciencia médicas, y otras veces no hace nada, pero solo Él es soberano y sabe por qué hace todas las cosas, aunque en el momento, nosotros en nuestra humanidad no lo podamos entender.

He oído muchos casos de enfermedades que la ciencia médica reconoce que no puede hacer nada, y que solo un milagro de Dios puede salvar la vida de X persona. Aun he oído testimonios de médicos que no creen en Dios, y han retado a Dios, y han dicho que si Él existe que haga el milagro de hacer lo que la ciencia médica no puede hacer, y el Señor le ha tomado la palabra a muchos de ellos, y en su propios ojos le ha hecho ver que Él es real, y que nada es imposible para Dios. Porque donde la ciencia médica termina, ahí es que el Señor empieza obrar. Las cosas posibles le corresponde al hombre hacerlas, pero las imposibles le pertenecen a nuestro Dios.

{¡Cuidado! no todas las enfermedades son causadas por los demonios}

Muchas personas están enfermas por ataques demoniacos, pero otras sufren de enfermedades psicosomáticas. Gente que se diagnostican enfermedades hasta el punto de quedar enferma de verdad. Yo estaba leyendo un libro, y hubo algo que me llamó la atención, y es que tres de cada cuatro camas en el hospital están ocupadas por personas que padecen de" IEACE": Inclinación Emocional A Creerse Enfermas'. Cuando leí ese párrafo, me reí bastante, porque dije: "Oh mi DIOS, yo era una de esos pacientes".

Si yo no estaba en la oficina del siquiatra, estaba en la oficina de mí médico General; todos los días sentía un dolor diferente, y el día que no me dolía algo, yo misma me decía: ¿Qué raro que no me ha dado ningún dolor? Yo misma llamaba al dolor, y lo peor de todo era que mi médico no me encontraba nada, y frecuentemente me enojaba con él, y le decía que él no era un buen médico, y que tenía que volver a la universidad a estudiar. Y que iba a cambiar de doctor. Pero el doctor sabía que todos mis problemas eran emociónales. Además no me convenía cambiar de doctor. Pues mi doctor Calderón y mi terapista eran los únicos que me entendían.

No quiero pasar por alto hablar de ese doctor. Deseo que donde quiera que él se encuentre, el Señor Jesucristo le bendiga y le guarde. Ese médico fue como un ángel en mi vida. Más que un doctor, se convirtió en mi mejor amigo. El sentía compasión por todos sus pacientes, y le dedicaba el tiempo que ellos necesitaban.

En lo más profundo de mi corazón, yo deseo tener la manera de agradecerle al doctor Aarón Calderón todo lo que hizo por mí. Su labor era tan linda, que yo sentía que se merecía el premio nobel. Supe que él se mudó de New York y se encuentra viviendo en el estado de Colorado, USA. Al mudarse perdí todo contacto con él, pero donde quiera que se encuentre quiero decirle: "Gracias, Doctor Aarón Calderón, por todas las cosas que hizo por mí, y por cada uno de su pacientes. ¡El Dios del cielo le recompensará!

Hay muchas razones por las cuales una persona puede verse afectada mentalmente hasta el punto de estar ingresado en un hospital psiquiátrico. Por ejemplo: abuso sexuales, abuso físico y emociónales, maltrato infantil, complejo de inferioridad, y una baja autoestima, etc. Hay otras personas que guardan rencor, raíz de amargura, y odio, y esta son enfermedades que están en el alma y en el corazón, y tarde o temprano se manifiestan en el cuerpo.

Es por eso que muchas personas van a los doctores con diferentes síntomas de enfermedades, y cuando el doctor le examina no le encuentra nada. Muchas veces pueden encontrarle alguna enfermedad, pero por más medicina que tomen no hay ningunas mejoría. ¿Saben por qué? Porque la verdadera medicina que los puede sanar es entregarse al Señor, y luego perdonarse ellos mismo, y perdonar a quiénes les han hecho tanto daño. Deben sacar, expulsar todas las raíces de amarguras y resentimientos para que puedan recibir sanidad interior.

La mejor medicina para el alma es el perdón

Conozco personas que han estado enfermas por muchos años, y la medicina a su enfermedad fue saber perdonar. Así como nosotros queremos que el Señor nos perdone, debemos perdonar. Muchas personas no sienten el perdón de Dios aun cuando él lo ha perdonado, porque aunque Dios lo perdonó, ellos mismos no se han perdonado. Es como una persona que siente que nadie lo quiere, aunque en realidad tenga muchas personas que lo amen y lo aprecien. Pero si la persona no se ama así mismo, nunca podrá sentir el verdadero amor que los demás pueden brindarle, y mucho menos podrán amar a otras personas. Le aconsejo que busquen la ayuda de Dios, busquen ayuda Espiritual, y si la necesitan, también busquen ayuda profesional. Yo necesite de las tres ayudas, pero la que más me ayudó, fue la misericordia de Dios.

Al salir del hospital psiquiátrico decidí irme de la casa de mi mamá y rentar una habitación en otro lugar. Sentía miedo de que algún día pudiera hacerle daño como me lo había ordenado el enemigo. Yo podía pagar mis gastos, a causa de mis problemas psiquiátricos el gobierno me dio la incapacidad laboral. Y a veces trabajaba algunas horas en una tienda de vender zapatos. Los dueños de la tienda eran muy buenos conmigo, y cada vez que salía de psiquiatría, ellos me daban trabajo, especialmente para que mantuviera mi mente ocupada.

A pesar de mis desequilibrios mentales, era muy buena empleada, y tenía una gracia especial para venderles a los clientes. Pero a pesar de tener ese trabajo era muy poco lo que podía distraerme, porque los demonios me perseguían a donde quiera que fuera. Incluso en el nuevo apartamento que me mude, la dueña del apartamento que me rento la habitación, tenía un altar dedicado a los demonios, y otras dos inquilinas que también vivían allá, se dedicaban a leer la taza del café, y adivinar el futuro. Yo, para no quedarme atrás, también le puse un altar al varón del cementerio, (el Señor lo reprenda). Yo iba de mal en peor, estaba como el cangrejo, caminando para atrás.

¡Acaba con tu vida!

A los pocos días de estar en ese lugar, recibí fuerte ataques diabólicos. Los demonios me ordenaron que fuera a la estación del tren de la 181 y San Nicholas St. para que me tirara a los rieles del tren cuando el tren pasara. Yo obedecí, y me fui a la estación del tren para suicidarme. Cuando iba por el camino sentía que alguien me llevaba obligada, y la opresión era tan fuerte que no tenía más opción que obedecer y terminar con mi vida.

Cuando llegue a la estación del tren, estaba esperando que el tren viniera para lanzarme a él, pero el tren no pasaba. Tenía como 40 minutos esperando, y no llegaba, entonces me desesperé, y empecé a gritarle al Señor y a decirle que Él ni lavaba, ni prestaba la batea; ósea que Él ni me mataba, ni dejaba que yo me matara. Y mientras le decía que me quería morir, fui sintiendo una paz y un gozo muy grande dentro de mí. Empecé a cantarle al Señor los coritos que me había aprendido en la iglesia. Yo decía dentro de mí: "pero con esta paz y este gozo tan grande que siento dentro de mí, no me puedo suicidar". Y le decía al Señor: "yo sé que esta paz viene de ti."

Salí de la estación del tren, y saliendo oí el tren que estaba pasando. El Señor lo detuvo todo ese tiempo para que no me suicidara.

La señora que me rento la habitación se enteró de que me quería suicidar, y me dijo que buscara otra habitación, porque si me suicidaba en su casa, ella no quería problemas con la policía. Llame a una amiga mía y le dije que no sabía a donde ir, y ella me dijo que conocía a una señora que estaba rentando una habitación. Fui hablar con la otra señora, y me dijo que podía rentarme la habitación.

Esta señora igual que la otra también tenía altares en su casa. Al entrar al apartamento tenía un altar, en cada habitación había otro altar dedicados a los demonios, y la habitación de ella parecía un cementerio con tantas velas. Ella tenía muchos problemas y sin conocerme me dijo su vida completa. Yo quería que ella terminara rápido de contarme su historia, porque también yo quería decirle la mía. Realmente necesitaba encontrar a alguien con quien hablar.

Cuando por fin pude hablar con la señora y le conté mi historia, ella se quedó sorprendida de todas las cosas que le había dicho. Ella pensó que sus problemas eran grandes, pero al oír los míos se quedó sin palabras. Después que me fui, ella pensó en no rentarme la habitación, porque pensó que ella tenía muchos problemas, y no quería gente en su casa con más problemas, y menos tan complicados como los mío. Al día siguiente, después que salí del trabajo, busque mi ropa para mudarme en la nueva habitación.

Cuando llegue a la casa de la señora, me canse de tocarle la puerta, y nadie me abría. Me senté en la escalera del edificio y empecé a llorar. Sentía una tristeza muy profunda dentro de mí. Me acorde del Señor, y le dije llorando: ¿Señor, que hago ahora? "La señora no está aquí; y no tengo adonde ir. Yo no quiero volver a casa de mi mamá. Señor ya es muy noche, tengo miedo de que alguien venga y me haga algún daño, y además tengo hambre."

¡Yo lloraba! Pero un corazón contrito y humillado no despreciara Dios. (Salmos 51:17)

Dios siempre proveerá una ayuda

Eran casi las 00:00 AM, cuando una Señora salió al pasillo del edificio, y me vio allí sentada. Ella me dijo: ¿hija, que haces aquí tan sola a esta hora? Ven a mi apartamento. La señora dice, que ella estaba durmiendo y fue despertada, y que ella oía una voz que le decía en el corazón: "Sal al pasillo, vete al pasillo." Pero ella decía en su mente: ¿qué voy a buscar en el pasillo del edifico si son las 00:00 AM de la madrugada? cuando ella salió, me vio sentada en la escalera del edificio, y me dijo: mi hija, ¿qué haces ahí sentada? ¡Ven a mi casa!

En New York nadie mete a un desconocido a su casa, y mucho menos a esa hora de la noche. Pero yo sé que quién despertó a esa mujer, fue el Señor, y la voz que ella oyó, era la voz de Él. Aquella señora me preparó cena, y se sentó frente a mí. Nunca olvidaré esta palabras que me dijo: "Tu naciste para algo especial. El Señor te ama y hará grandes cosas a través de ti." Aquella mujer no era cristiana, pero Dios la usó para ayudarme y darme esas palabras a través de ella.

Después de cenar, ella me acompañó a tocarle la puerta a la otra señora que había quedado en rentarme la habitación, y gracias a Dios, la encontramos ahí. A partir de esa noche me quede viviendo allá. Yo me sentía desesperada, pero tenía que disimular que todo estaba bien. No quería que la señora se sintiera preocupada, y que quisiera pedirme que desalojara su apartamento. Pues no tenía donde ir.

Una semana después, fui hablar con mi psiquiatra para hablarle acerca del varón del cementerio, y decirle que los demonios me querían matar y que el varón del cementerio me visitaba y estaba conmigo íntimamente. Cuando hablé con la psiquíatra, ella me dijo que yo me sentía así porque de seguro no estaba tomando las medicinas, y que yo estaba muy joven para estar pensando en hombre. Ella no entendía que le hablaba de un demonio, y no de un hombre de carne y hueso.

Salí de su consultorio muy desanimada, y me dije a mi misma: "Si de verdad mi vida le pertenece al diablo, entonces se la voy a dar. Estoy cansada de esta lucha." Me fui a una botánica para comprar todas las imágenes posibles de los demonios que pertenecen a las 21 división, y ponerle un altar bien grande, compre velas, agua florida, y un perfume para Anaisa pies, llamado Anaisa anai. Me fui a la casa y puse el altar. Todas las noches me visitaba un demonio diferente, y hasta me decían las ropas que yo tenía que usar.

Una semana después de todas estas cosas, fue un hombre a visitar a la dueña del apartamento. Ese hombre era uno de los brujos más grande de la Republica Dominicana. La dueña del apartamento buscó una botella de ron bien grande, y se la dio al brujo para que los seres que había en él, se lo tomaran. Los demonios tomaron posesión del cuerpo del brujo. La señora de la casa quería que los demonios hablaran con ella, pero los demonios a través del brujo le dijeron que era conmigo que querían hablar.

Ella me fue a buscar a la cocina y me dijo: "Sandy, ellos quieren hablar contigo". Fui a la habitación y el brujo me agarró fuertemente por los brazos como si me los quisiese arrancar, pero yo le dije que me soltara y que si los demonios querían hablar conmigo tenían que calmarse.

Salí de la habitación, y la señora volvió a buscarme. Cuando entré a la habitación, el brujo estaba tranquilo, y me dijo que buscara un vaso de agua y una vela y que fuéramos a mi habitación. Cuando fuimos a la habitación, tomo posesión del brujo otro demonio. Aquel demonio a través de él, parecía un toro feroz, respiraba como un animal salvaje, parecía que quería derribar todas las cosas que había en mi habitación. Yo sentí mucho miedo, pero sabía que no podía mostrarle temor.

Le pregunte, ¿Que quién era él? y me dijo, que no le habían autorizado responderme nada, y que mi marido iba a subir, y que solo él podía contestarme todas mis preguntas. Él me dijo que estaba enojado conmigo, porque yo no le había guardado nada. Yo le contesté, que yo no sabía que él me iba a visitar, y que además yo no lo conocía. Él me dijo, que tenía que irse porque mi marido tenía que subir. En ese momento fue que me enteré por primera vez que el varón del cementerio me había convertido en su esposa, el Señor lo reprenda.

Cuando el primer demonio dejó el cuerpo del brujo, otro demonio tomo posesión de su cuerpo. Yo pensé que era el varón del cementerio, pero me di cuenta que no era él por qué el brujo empezó hablar con voz de mujer. Le pregunte ¿que quién era ella? y también me contestó, que no le autorizaron contestar mis preguntas.

Yo le dije que me sentía muy sola porque había dejado al Señor Jesucristo. Y ella me contestó, que no me sintiera sola, porque todas las noches había uno de ellos asignado para visitarme. Me dijo, que quería que yo le hiciera un regalo. Le pregunte que ella quería de mí; y dijo que quería una bata roja que yo había comprado. Le dije que podía cogerla. Esa bata roja de dormir yo tenía que usarla cada vez que a ella le tocara irme a visitar.

Luego dijo que como nos habíamos hecho amigas, ella me iba a decir su nombre, y que en la 21 división la llamaban <LA PEQUEÑA.> luego me dijo: "ahora tengo que irme, porque tu marido quiere subir, y él es nuestro jefe, todos le tememos." En realidad no sé qué me quiso decir con esas palabras.

Ella dejo el cuerpo del brujo, y fue entonces cuando subió (San Elías- el varón del cementerio.) no tengo palabras para describir la reacción de ese demonio, si el primero parecía un toro feroz, no sé con qué comparar la reacción del varón del cementerio. Yo solo dije en mi mente: ¿Dios mío que es esto que estoy mirando?

Él se quedó un poco más tranquilo, y me dijo que había llegado el momento de revelarme el secreto de mi vida. Me dijo: "cuando tu mamá tenía 5 meses de embarazo, ella te iba a perder. Pero mi amo me mandó a salvarte, y gracias a él y a mí, tú estás viva.

Continuó diciendo: yo he sido el que te he cuidado todo esto años, a mí es quién tú siempre me has visto. Tú nos perteneces, y te estamos preparando para que trabajes para nosotros. Tu mamá y tú no se llevan bien, pero las dos van a trabajar juntas, porque todo lo que te pasa proviene del lado de ella.

Nosotros estamos esperando que tu cumplas ciertos años de edad para llevar a cabo nuestros planes y el tiempo se está acercando." Cuando el varón del cementerio se refería a nosotros, estaba incluyendo a satanás, el Señor lo reprenda.

Yo le dije: "Si mi vida verdaderamente le pertenece a ustedes, entonces estoy dispuesta a dársela, porque estoy cansada de esta lucha. Pero necesito un favor. Yo quiero que ustedes me den dinero, para dejar en buena posición a mi familia allá en San Cristóbal. Ellos son muy pobres, y quiero dejarlos bien. Después ustedes pueden tomar mi vida."

El me contestó: "pon un vaso de agua debajo de tu cama con una vela por 7 días. A los 7 días, llama al caballo, y él te dará el número de la lotería para que tu puedas dejar bien a tu familia." Cuando él hablaba del caballo, se refería al mismo brujo por el cual me estaba hablando. Me recordó que mi tiempo se estaba acabando. Ante de irse me dijo, que estaba enojado conmigo, porque en el altar hacían falta dos cosas, y yo no las tenía. Él se refería a un refresco rojo para Anaisa pies, y un velón para Santa Marta, (el Señor la reprenda).

La misma noche de hablar con él, puse el velón y el vaso de agua debajo de la cama. Tres días después, fui a la bodega y compré el refresco para Anaisa y el velón para santa Marta. Cuando prendí el velón repetí la oración que había escrita en el velón, y luego me acosté, sin imaginar que esa noche satanás, (el Señor lo reprenda), había determinado matarme.

Yo les aconsejo a todas las personas que tienen altares en su casa dedicados a esas imágenes, que se deshagan de esas basuras. Esas imágenes que le llaman santos, son demonios vestidos de ángel de luz. La Biblia dice que esos ídolos, muchas veces hechos de plata, oro, bronce, hierro, madera, etc., son hechos por manos de hombres, y que tienen boca, más no hablan, ustedes se cansan de hablar con ellos, pero ellos no le contestan. Tienen ojos, más no ven; orejas tienen, más no oyen; tienen narices, más no huelen; manos tienen, más no palpan; tienen pies, más no andan, la gente tiene que llevarlos encima de sus hombros si desea moverlos a otro lugar. No pueden hablar con su garganta. Y semejante a ellos son los que los hacen, y cualquiera que confían en ellos. Salmos 115:4-8)

Muchas personas testifican de los favores y los milagros que han recibidos de las imágenes que tienen en su casa, pero realmente esas imágenes los cuales llaman santos, no pueden hacer nada. Ese milagro que usted testifica los hicieron los demonios. Ellos toman posesión de esa imagen, se esconden detrás de ellas, y le otorgan su petición para que usted siga confiando en ellos, porque el diablo sabe que a Dios no le agrada eso, y que eso es idolatría, y ningún idolatra entrara al reino de los cielos.

El único propósito del enemigo es llevarlo a usted al infierno. Pero para eso el Señor dejó su palabra, la Biblia, para hablarnos a través de ella, y dejarnos saber las cosas buenas que debemos hacer, y las cosas malas que no debemos hacer, y no solo eso, sino que también nos deja saber las consecuencias de la obediencia y las consecuencias de la desobediencia.

En el libro de los Salmos 10:11, dice que confiemos en Jehová. Él es nuestra ayuda y vuestro escudo. El Señor ha rescatado a muchas personas que practicaban la brujería, gente que tenía grande pactos con Satanás, gente esclavo de pactos satánicos, y hoy son libres en Cristo Jesús, y el Señor le ha enviado a testificar de adonde él le sacó, y como lo libró de las garras del enemigo.

¿Saben por qué el Señor quiere que testifiquemos? No es precisamente para que divulguemos nuestra vida pasada por los cuatros vientos, es para que aquellas vidas que se encuentran atadas por el enemigo, y que no saben qué hacer, escuchen la palabra de vida, escuchen que todavía hay esperanza para ellos. Y que puedan saber que satanás no es todopoderoso, ni puede hacer lo que le dé su gana, porque hay alguien que lo derrotó, y todos los que han creído en esa persona lo seguirán derrotando. Esa persona se llama Jesús.

Yo nunca me cansaré de gritarle al mundo los milagros que Dios hizo en mi vida. Nunca me cansaré de hablar de su amor y su misericordia. No puedo ser mal agradecida con mi Señor. Hay muchas personas que Dios ha hecho un milagro grande en su vida, y se han quedado callados. No testifican, porque sienten vergüenza. Hay otros que dicen que todavía no están preparados, y siempre están poniendo excusa. Muchos han enterrado lo talentos que el mismo Señor ha puesto en sus manos.

El Señor está esperando que usted sea agradecido, y de por gracia lo que ha recibido. No se avergüence de testificar lo que Dios ha hecho en su vida, ni de donde le sacó. Su testimonio puede ser el canal que Dios quiere usar para salvar muchas vidas que se encuentran hoy ,como estaba usted. Usted es canal que Dios quiere usar para llevar una palabra de aliento, una palabra de esperanza, una palabra de sanidad y de salvación a esa vida. Viva agradecido de Dios, y recuérdele a su alma cada uno de los favores recibidos del Señor, y se dará cuenta que hay muchas cosas porque vivir contento y agradecido de Dios y de la vida que Él le ha dado.

De gracias por lo poco o mucho que usted tiene, y ya deje de quejarse por las cosas que le hacen falta. Hay muchas personas que tienen menos que usted, y aun así están agradecidos de la vida, y muy agradecidos de Dios. De gracias por la vida, porque hay muchos en el mundo que ahora mismo están agonizando sin ninguna esperanza. De gracias por su salud, porque hay muchos que no la tienen. De gracias por sus ojos, porque hay muchos que no pueden ver. De gracias por sus pies, porque hay muchos que no caminan. De gracias por su oídos, porque hay muchos que no pueden oír. De gracias por su manos, porque hay muchos que no la tienen. De gracias por su trabajo, porque por más duro que sea y por más malo que sea su jefe, hay muchos que desean conseguir un trabajo como el suyo. De gracias por sus hijos, porque hay muchos que anhelan ser padres y no pueden. De gracias por su casa, porque aunque no sea la mejor, es un techo que muchos desean tener.

De gracias por su cama, porque aunque no sea muy cómoda, hay muchos que duermen el piso. De gracias que a pesar de todos sus sufrimientos, usted está vivo, y no muerto quemándose en el infierno. De gracias por la comida que Dios le provee, porque hay muchos que se acostarán sin comer. De gracias, sea agradecido, porque ningún mal agradecido ira para el cielo. Siéntase orgulloso de lo que usted es. Agradézcale a Dios por sus favores, y vera como las bendiciones para su vida irán en aumento. Hay muchas personas que Dios quiere bendecirlos, pero no reciben más por mal agradecidos. No sea usted uno de ellos.

Capítulo IX

¡Un Grito de Auxilio!

Capítulo IX

Continuando con lo que ocurrió aquella noche que prendí el velón para santa Marta, y puse el refresco rojo para Anaisa en el altar. A la media noche fui despertada, y vi cuando la serpiente que esta enredada en el cuerpo de Santa Marta iba subiendo por encima de la cama, y a la misma vez oí una voz que me dijo: "Tu tiempo se acabó, tienes que morir."

Cuando una persona esta poseída por el demonio de santa Marta (la dominadora) no es santa Marta que posee ese cuerpo, sino el demonio que esta enredado en su cuerpo en forma de culebra, es por eso que la persona que esta poseída se arrastra como una culebra en el piso. Solo el poder de Jesucristo a través de sus siervos llenos del poder de Dios, pueden pisarle la cabeza para que dejé libre a la persona que está atada. Claro, también la persona debe querer ser libre, debe entregarse al Señor Jesucristo, y buscar de Él para que entre a su corazón y el Espíritu Santo pueda reinar en esa vida.

Yo vi cuando aquella serpiente se enredó por todo mi cuerpo, y comenzó apretarme el cuello. Yo solo podía gritar en mi mente: ¡Señor auxilio, ayúdame! ¡Oh Señor, yo no me quiero morir, y no tengo fuerzas para pelear con este demonio, socórreme!

Aquel grito desesperado llegó hasta a la misma presencia del Señor. ¿Yo no sé cómo? pero estuve peleando con ese demonio hasta rayar el alba. No fue con mi fuerza, Dios me fortaleció. Cuando el demonio se fue, yo no tenía fuerza para pararme. Fui arrastrando mi cuerpo encima de la misma cama hasta caer al piso. Seguí arrastrándome hasta llegar al baño. En el baño me sentí desmayar, me sentía morir.

Yo sé que hay algunas personas que dudan y dudarán que lo que estoy contando pueda ser real y que tal vez es producto de mi propia imaginación. Pero si yo no hubiera vivido esta experiencia no creo que pudiera mi mente imaginar algo así. Quiero decirle que el mundo Espiritual es más real que el mismo mundo natural en que vivimos. Respecto la opinión de cada persona. Pero estoy segura que toda esta experiencia que le estoy diciendo es real, y que Dios me permitió vivirlas. Las mayoría de todas las cosas que me pasaron, hay testigos que me conocen, y pueden dar fe que todo es cierto, referente a mis experiencias espirituales puedo decir que el Señor y mi conciencia saben que no estoy mintiendo, ni exagerando lo sucedido. Y si esto no fuese cierto, satanás no se molestaría en quererme matar para que no abra la boca y lo desenmascare. Por causa de este libro han sin varias las veces que satanás ha querido sacarme de circulación para que no lo escriba, y si él ha hecho eso es porque esta historia no es inventada, sino porque es 100% real.

Además creo que mi salvación vale mucho para perderla por una simple mentira. En mi mente tengo muy claro que uno de los pecados que el Señor más aborrece es la mentira, y siempre digo, que si nadie se quiere ir conmigo al cielo, yo no me iré con nadie al infierno, y muchos menos por hablar mentiras. Sé que la salvación es un regalo de Dios, pero tengo muy en claro, que si no la cuido puedo perderla. También sé que una media verdad ante los ojos de Dios es considerada una mentira.

La experiencia que tuve con ese demonio transformado en culebra no fue un sueño ni una pesadilla, fue algo real. Le repito, el mundo Espiritual es tan real como el mundo natural que usted está mirando.

Yo perdí toda la fuerza peleando con ese demonio, si estaba aún con vida era por un milagro de Dios. En el baño lloré como nunca en mi vida lo había hecho. Yo no sabía que satanás estaba esperando que cumpliera 21 años de edad para llevarme con él. A esa edad concluía el pacto. Yo había cumplido 20 años de edad, y me faltaban tres meses para cumplir los 21. Pero el enemigo quería llevarme antes del tiempo señalado. El enemigo es un mentiroso, él no cumplió con la promesa de darme el dinero para dejar bien económicamente a mi familia, sino que antes de cumplirse los siete días como me habían dicho, intento matarme.

Esa mañana le pedí perdón al Señor. Le dije: "Señor, yo sé que hoy es mi último día. Y que el diablo me va a matar a como dé lugar. He recibido la orden de que tengo que suicidarme hoy, pero quiero decirte Señor, que aunque me encuentre en lo más profundo del infierno, siempre te voy amar. Tú has sido bueno conmigo. La mala he sido yo contigo." No eran palabras simple que le estaba diciendo al Señor. Le estaba derramando mi corazón.

De repente oí una voz suave que parecía inundar todo aquel lugar, y me hablo al corazón diciendo: "No te puedes suicidar. Levántate y vete a tu trabajo." Cuando me mencionó el trabajo, me acordé que mi jefa había sido muy buena conmigo, y que no podía dejar el trabajo sin decirle a ella que pusiera a alguien en mi lugar. Mientras yo oía la voz que me hablaba al corazón, mi cuerpo estaba recibiendo fortaleza.

Me pude parar del piso, estaba fortalecida, me bañé y me fui al trabajo. Me fui caminando, sentía que me hacía falta caminar. Cuando iba por el camino se apoderó de mi la misma paz y el mismo gozo que sentí cuando fui a tirarme a la estación de tren. En mi mente le decía al Señor: "yo sé que esta paz viene de ti".

Me fui al trabajo con la idea de despedirme de mi jefa, pero los planes que Dios tenia para mi ese día eran otros muy distintos a los que yo podía imaginar. Yo había escrito una carta para enviarla a Radio Visión Cristiana contándole toda la odisea que yo había vivido. Pero yo sabía que cuando ellos recibieran mi carta sería muy tarde, porque probablemente ya estaría muerta. Solo deseaba que alguien creyera que lo que yo había vivido era cierto y muy real.

Al llegar al trabajo no tuve valor de decirle nada a mi jefa en ese momento, así que pensé trabajar ese día por última vez, y despedirme de ella en la noche. A la hora de la 12:00 PM la tienda quedó completamente vacía. No entraba ningún cliente, hasta que de repente entró un joven y empezó a predicarles a mis compañeras de trabajo. Ellas no le hacían mucho caso a lo que él decía. Pero hubo un momento que él le dijo con autoridad a una de mis compañeras que Cristo la amaba, ella ni siquiera lo miró, y en ese mismo instante, yo iba pasando y oí esa palabra que penetró a lo más profundo de mi alma. Esa palabra penetró hasta los tuétanos de mis huesos. "Cristo te ama".

Me detuve, y le pregunte al joven que si él era cristiano, y me dijo que sí. Le pregunté que quién era su pastor y que si él podía echar fuera demonios. El joven me contestó: "Mi pastor reprende a los demonios y tienen que irse."

Le dije que yo tenía conmigo una carta para enviarla a Radio Visión Cristiana, pero que mejor se la iba a entregar a él, para que se la diera a su pastor. Él me dijo que me iba a dar la dirección de la iglesia para que vaya esa noche que había culto. Yo me sentí feliz, porque sentía que iba a surgir una esperanza para mi vida. Dios bendiga a ese Joven llamado José Albarracín, miembro de la iglesia Monte Calvario que pastorea el Revdo. Porfirio Reyes.

Capítulo X

Monte Calvario

Capítulo X

Cuando salí del trabajo, tome el bus para ir a buscar la iglesia en la dirección que el joven me había dado. Mientras iba en el bus, oía las voces de los demonios que me decían: "Si vas a ese lugar, te vamos a castigar. Tienes que suicidarte, tu tiempo se acabó." A la misma vez, yo clamaba al Señor, y le decía: "Señor ayúdame a encontrar la iglesia. Esta es mi última oportunidad de ser salva. Si tú no me salvas, los demonios me van a castigar, y tú sabes que ellos castigan duro."

Cuando llegue al lugar donde supuestamente estaba la iglesia, no podía verla. Los demonios me habían cegado la vista para que no viera la iglesia que estaba en el mismo frente donde yo me encontraba parada. Al no ver la iglesia, empecé a llorar, y le dije al Señor: "Oh Señor, esta era mi última oportunidad de ser salva. No encuentro la iglesia." ¡Y tendré que suicidarme!

Cuando di la espalda para irme a la casa y suicidarme como me habían ordenado, una luz fuerte como un farol de carro cuando te alumbra directamente la vista, me iluminó el lado derecho de la cara. El resplandor fue tan fuerte que yo miré hacia atrás para ver que había brillado. Y cuando miré, mis ojos vieron un letrero con letras resplandecientes que decía: <IGLESIA PENTECOSTAL MONTE CALVARIO>. Amados aquellas letras parecían de oro, y la luz que vi provenía de ese letrero. Mi corazón empezó a latir rápido. Crucé la calle corriendo, y subí por las escaleras de la iglesia.

Cuando llegué a la iglesia, me quedé parada en un pasillo

esperando que alguien saliera. Mientras estaba allí, los demonios seguían repitiéndome: "Sal de este lugar, este lugar no te conviene.

Una hermana salió, y yo le pregunté por el pastor, y ella me dijo que para ver al pastor tenía que hacer una cita, y que además esa noche él tenía que dar una clase, y que era imposible que me atendiera. Yo dije en mi mente: "Oh Señor, el pastor no podrá atenderme, y tiene que dar una clase, Señor ésta era mi última oportunidad, ahora tendré que suicidarme".

Cuando intente dar la vuelta para irme, no pude mover mis pies, porque parecían que lo habían pegado con cemento en el piso de la iglesia. Yo decía en mi mente: "Señor, no puedo mover mi pies de este lugar". Me quedé parada por unos minutos, como esperando un milagro, y el milagro llegó. De repente vi que se abrió una puerta y salieron varias personas, entre la cuales salió un hombre alto, fuerte, muy simpático. Todo en el radiaba amor, nunca había visto en alguien una sonrisa tan bella como la que el tenia. No sé quién era él, pero en mi corazón sentí un impacto fuerte de una voz que me dijo: "Ese es el pastor." Él sin conocerme se acercó a mí, me dio la bienvenida, y me dijo que él era el pastor. Yo le dije que necesitaba hablar con él. Y me contestó: ven conmigo ¡GLORIA A DIOS! no necesité cita para hablar con él, y apareció quién diera la clase bíblica. Yo necesitaba que alguien me escuchará, y me creyera. Aquel hombre se sentó conmigo y me escuchó con paciencia, pero lo más importante es que creyó en todo lo que le dije.

Cuando terminé de hablar, él me dijo: "Lo primero que debes hacer es reconciliarte con el Señor. Segundo, deshacerte de todas las cosas que te unen al diablo. Y déjame orar por ti. Yo repetí la oración de Fe, y luego el oró por mí. Cuando la oración iba por mitad, empecé a sentir que me estaba cayendo agua por la cabeza, parecía como llovizna, y era un agua caliente que penetró por los poros de mi cabeza, y fue bajando lentamente como si fuera un suero, hasta cubrirme las plantas de los pies.

Cuando sentí que el agua me llegó a los pies, le dije al diablo: "Te arruinaste satanás, porque Cristo acaba de entrar a mi vida". Después de la oración, el pastor me dijo que quería que pasara al altar para que la iglesia también orara por mí. Yo fui y la congregación empezó a orar por mí. Los demonios que había en mi cuerpo se manifestaron, no querían irse, decían que yo le pertenecía, y que sin mí no podían irse. Pero en la iglesia, se manifestó una gran unción y los demonios tuvieron que salir de mi cuerpo. El último en salir fue el varón del cementerio, pero cuando llegó Jesús, lo sacó y se quedó el Señor como dueño absoluto de mi corazón. ¡Oh cuando Jesús llega, todo cambia!

Quedé como muerta, pero estaba tan libre como una paloma. Sentí que había nacido de nuevo. Me fui a la casa y tomé el altar que le tenía dedicado a los demonios y lo eché en una bolsa de basura, también tomé toda la ropa, y todas las cosa que me unían a los demonios, y la puse en la bolsa, para en la mañana siguiente echarlo en el basurero.

A la media noche me despertó un ruido que provenía de la bolsa de basura donde estaban las imágenes y todas las cosas que le pertenecían al diablo, (el Señor lo reprenda). Yo sentí miedo, pensé por un momento que el corazón se mi iba a salir. Pero sentí como si alguien me hubiera abrazado quitándome todo temor, y me susurraron al oído: [No temas, porque yo estoy contigo] volví a dormir como un pajarito. Al día siguiente bote la bolsa de basura en el basurero.

Seguí asistiendo a la Iglesia Monte Calvario que pastorea Porfirio Reyes. Y cuando volví a la iglesia me di cuenta que el letrero no tenía las letras brillantes, ni tenia las luces resplandecientes que yo había visto esa noche. Todo fue plan de Dios para que yo pudiera ver el letrero. En la iglesia Monte Calvario encontré una familia grandísima. Al pastor lo veía como mi papá. Con la pastora todavía no tenía mucha confianza, porque había conocido al pastor primero que a ella, pero es una mujer muy dulce. Yo decía en mi corazón: ¡Señor, me gustaría que ella fuera mi mamá! Todos los hermanos de la iglesia me trataban con amor y delicadeza. A ellos Dios lo usó para que cuidaran de mí espiritualmente hasta que yo pudiera estar recuperada por completo. Y quisiera aprovechar este momento para darle las gracias a Fredy y a sus hermanos, a Natividad, a Kirsy, a la Chama, y a todas las jóvenes que me ayudaron con su oraciones y que siempre estuvieron pendiente de mí.

El Bautismo del Espíritu Santo

En la misma semana que el Señor me libertó, me fui al trabajo y cuando iba en el camino, el Señor me dijo: "vuélvete, y sintoniza a Radio Visión Cristiana, yo no quería devolverme para la casa, porque de lo contrario iba a llegar tarde al trabajo. Pero obedecí y puse la emisora. En la emisora estaban adorando a Dios y se sentía una unción hermosa. Yo también me puse adorar a Dios, y de repente sentí un fuego que me estaba quemando desde la cabeza hasta los pies, y la lengua se me enredó. No podía hablar español. Estaba hablando en otro idioma que nunca había hablado. El Señor me bautizó con el Espíritu Santo a través de Radio Visión Cristiana. Me fui al trabajo y sentía que todo mi cuerpo se estaba quemando. Trataba de hablar, y lo que hablaba era en lenguas. ¡Fue una experiencia que nunca olvidaré!

Muchas veces se pierden grandes bendiciones por andar de prisa, si por no llegar tarde al trabajo no hubiera obedecido al Señor, probablemente me hubiera perdido de esa bendición.

En esa misma semana, una mañana temprano entró a mi habitación un hombre que también vivía en la casa de la señora que me rentó la habitación. Yo nunca había usado ninguna confianza con él, y entró a la habitación diciéndome que necesitaba hablar conmigo. Cuando lo vi, me sentí asustada, pero no le demostré ningún temor. Él se sentó en la cama y empezó hablarme de Dios. Yo le dije, que si él conocía tanto de la palabra de Dios, lo mejor que él podía hacer era convertirse a Jesucristo. Y le ordené que se parara de mi cama y que saliera de mi habitación en el nombre de Jesús. Él se paró y se fue.

En la noche, el hombre me encontró en la cocina, y me dijo que quería decirme algo. Y entonces me dijo: »Mientras Dios este contigo, nada ni nadie podrá hacerte daño ». Le contesté, que yo sabía eso, pero que por que él me decía esas palabras. Y me contestó: hoy cuando fui a tu habitación, entré para violarte y matarte. Yo oí una voz que me dijo: ve a la habitación de Sandy, la violas y después la matas. Primero háblale de Dios para que ella entre en confianza, y luego haz lo que te ordené. Por eso fue que entré a tu habitación hablándote de Dios para que tu entraras en confianza, y luego violarte, y después matarte. Pero no pude hacerlo, porque había un resplandor de luz que te estaba cubriendo, y no me permitió tocarte".

El Señor permitió que yo saliera de esa guarida de demonios, proveyéndome un mejor lugar donde vivir.

En esa nueva etapa de mi vida, el Señor me dio una revelación donde me mostró como se estaba peleando por mi alma. Me vi acostada en una cama y había muchos demonios que querían matarme. Algunos de ellos tenían cuchillos, otros tenían lanza como la que usaban los indios, y otros tenían otras armas que no sé su nombre. Uno de ellos voló con rapidez para traspasarme una lanza por mi costado izquierdo. Pero a la misma vez, detrás de mi cabeza salió un ángel gigante y fuerte, vestido de blanco. Tenía una cabellera dorada. No tenía alas, pero volaba con una gran rapidez. El sacó una espada muy grande de oro, y peleaba con aquellos demonios para que no me hicieran daño. Mientras el Ángel peleaba, oí una voz como un trueno fuerte que dijo: "Así se está peleando por tu alma."

El Señor me advirtió que mi vida iba a depender de ayuno y oración; y que no podía descuidarme ni un instante, porque el diablo pedía mi alma a gritos. De ahí en adelante empezaba para mí un tiempo de búsqueda con el Señor, un tiempo de preparación. El enemigo me había hecho mucho daño. Pero ahora el Señor Jesucristo me estaba preparando para darle la revancha, y darle en el nombre de Jesús al enemigo por donde más le duele. "GANAR ALMAS PARA CRISTO" sacando de lo oscuro, a la luz de Cristo aquellos que se encuentran en tinieblas, para que la luz de Cristo alumbre sobre ellos, y puedan escapar de las garras del enemigo.

El Comienzo de la Preparación

Capítulo XI

Por motivo ajeno a mi voluntad, Dios permitió que volviera a casa de mi mamá. Al mudarme no fue posible seguir asistiendo a la iglesia Monte Calvario. Pero sé que allí había dejado una familia que siempre me ha amado y me seguirá amando. Meses después el Señor permitió que me congregara en una iglesia cristiana llamada {RÍOS DE AGUA VIVA} que pastoreaba Digna Martínez (Hoy esta sierva de Dios se encuentra en la presencia del Señor).

Esta mujer era una tremenda sierva de Dios que admiré mucho. Ella no solo se convirtió en mi pastora, sino también en mi amiga, mi madre, y en una tremenda ayuda Espiritual para mi vida.

En la iglesia Ríos de agua viva también encontré una familia maravillosa de la cual estaré agradecida toda mi vida. La iglesia se convirtió en mi hogar. Allí aprendí a dar mis primeros pasos. Aprendí a crecer, y a desarrollarme como persona. Los hermanos de la iglesia me amaban mucho y la pastora solía llamarme su india Anacaona.

Yo nunca tuve una niñez feliz, y ahora Dios estaba permitiendo que ellos me hicieran sentir como un bebé. Pasamos momentos altos, bajos, buenos, malos, tristes y alegres, pero siempre estábamos todos unidos.

El Señor empezó a tratar con mi vida. Me levantaba a orar en la madrugada, me ponía el sentir de ayunar, de escudriñar la palabra, y muchas veces me inquietaba a estar en cilicio. Sentía un hambre terrible por saber más acerca de las cosas del Señor. Mientras más buscaba del Señor, más sentía su presencia, y mucho más trataba con mi vida. Al principio me sentía un poco confundida, porque cuando el Señor me hablaba, yo pensaba que eran mis emociones. Pero un día Él me dijo a través de una profeta que esa voz suave y sublime que hablaba a mi mente y a mi corazón era su voz. Y que según siguiera buscando su rostro, su voz y su presencia serian cada vez más real en mi vida. El Señor empezó a darme mensaje, pero yo no sabía para quiénes eran esos mensajes, ni adonde lo iba a predicar, pues nunca había predicado. Muchas veces bañándome o comiendo escuchaba la voz del Señor que me decía: "coge lápiz y papel y escribe el mensaje".

Hay muchas personas con las cuales el Señor está tratando con su vida, pero al igual que yo, muchas veces se sienten confundidos, porque no saben distinguir cuando es Dios que le habla a través del Espíritu Santo, o cuando le habla al corazón o a la mente; y muchas veces los nuevos creyentes se sienten confundidos porque creen que todo es imaginación de ellos mismos.

El Señor quiere tratar personalmente con sus hijos y desea tener una relación íntima con nosotros. Cuando usted sienta que el Señor le está hablando no tenga miedo. Si es posible escriba las cosas que Él le pone en su corazón, y cuando este leyendo su palabra escriba cualquier revelación que Él le dé, porque algún día esa palabras que usted tenga ahí escrita, el Señor la usará a través de usted para hablarle a alguien que necesite escuchar esas palabras.

De la misma manera que el Señor me estaba preparando, también los ataques que recibía de los demonios eran severos. Claro que ahora ellos no podían tocarme como lo hacían antes. Pero usaban a otras personas para hacerme la vida imposible. En muchos momentos de desesperación le decía al Señor: "Señor mejor llévame, porque yo no sé si pueda llegar al final, y no quiero perderme, ni desobedecerte". La respuesta que el Señor me daba era: "Esfuérzate, porque largo camino te espera"

Otras veces le decía al Señor: "Señor, ya me siento cansada. No quiero nada. No quiero ministerio. Yo no podré soportar la prueba. Si tú quieres, no me des ninguna corona. ¡Pero por favor llévame! Todo esto se lo decía al Señor en momento de desesperación. Yo pensaba que Él me iba a decir: ¡Oh pobrecita, tan sufrida, te voy a complacer! No, ¿saben que hacia el Señor? a veces ¡no me decía nada! Hacia silencio, y no había nada que me desesperará más que el silencio de Dios. Ahora he aprendido que Cuando Dios hace silencio, es porque algo grande quiere hacer en tu vida. Cuando el Señor decidía hablar, me decía: "No me digas que no puedes. ¡Porque adonde te mande, irás, y lo que te diga que digas, eso dirás!

El Señor me decía que me estaba preparando para enviarme a las naciones, pero que también me estaba preparando para que recibiera la visita que satanás, (el Señor lo reprenda), me iba hacer y tenía que salir victoriosa.

Cuando el Señor me hablaba de ir a las naciones, me decía que le iba a ministrar a mucha gente, especialmente a mujeres que habían sido violadas. Me habló que iba a escribir muchos libros, y que el ministerio seria grande. Me dijo que me codearía con gente como: Presidentes y Gobernadores para que les hablé de su palabra y que predicaría en grandes estadios, radios y televisión. Para darme esta profecía, el Señor uso a un pastor que también es profeta llamado: Alberto Navarro, pero lo que el pastor me profetizó, yo no lo creí, porque era algo demasiado grande para mi mente percibirlo.

El Señor me dijo a través de su siervo, que al cumplirse siete años comenzaría a ver lo que él me estaba diciendo. Cuando el pastor Navarro me dio la profecía de parte del Señor, faltaban cuatros años para cumplirse. La duda comenzó a trabajar en mi cabeza. Yo decía en mi mente, ¿cómo voy a ir a las naciones, si ni siquiera tengo ciudadanía? Y si voy ¿quién me va a pagar el pasaje? ¿Quién me va a invitar, si yo no conozco casi a nadie de otros países? ¿De qué forma voy a conocer a ningún presidente o gobernador, a menos que no sea por la televisión? ¿Cómo voy a predicar en las naciones, si ni siquiera predico en la iglesia? ¡Y mucho menos voy a predicar en una radio o en una televisión! Yo decía: bueno quiero escribir un libro, ¿pero quién lo va a comprar? ¿Quién lo va a publicar? Todas las cosas que el Señor me dijo a través de su siervo, la puse imposible. ¿Pero acaso hay algo imposible para nuestro Dios?

¡No te he dicho que si cree veras la gloria de Dios! San Juan 11:40.

El cumplimiento de las profecías

Pasaron los siete años, y Dios empezó a cumplir sus promesas. Un día orando el Señor me dijo que me llevaría a predicar a la iglesia del pastor Rev. Andy torres. Al pastor lo conocía por referencia. Solo sabía que era muy conocido. Yo lo veía a él como una persona muy grande. Y pensé que una persona tan importante como él, no iba a invitar a su iglesia a alguien que él no conocía.

Yo había crecido con un complejo de inferioridad muy grande. Todavía había en mis ciertos temores, miedos e inseguridades, y todas esas cosas no me permitían ver las cualidades que el Señor había puesto en mí. El Señor tenía que trabajar en esas áreas de mi vida. Pero en un capítulo más adelante estaré hablando de ese tema, porque hay muchas personas dentro y fuera de las Iglesias que se sienten acomplejados, poco atractivos, y están estancados con temor de realizar proyectos grandes, porque le han creído sus mentiras a satanás como se la creía yo.

Un día la hija de mi pastora me invitó a comer a su casa. Ellos tenían a otros invitados. Y esos invitados era nada más y nada menos que el pastor Andy Torres y su amada esposa. Yo no podía creer lo que estaba mirando el pastor Andy Torres y yo sentado en la misma mesa como invitados de honor de la hija de mi pastora. Amados, lo que es imposible para el hombre, es posible para Dios.

Ada Rodríguez hija también de la pastora Digna le dijo al pastor Andy Torres que yo tenía un tremendo testimonio, y él me dijo que le gustaría escucharlo, y que me invitaba a predicar a su iglesia. Me acordé de la promesa del Señor. Fui a la iglesia a predicar, y di mi testimonio en el cual Dios se glorificó en gran manera. Luego de eso, el pastor me invitó para que estuviera en un programa radial que él tiene los sábados en Radio Visión Cristiana. Yo pensaba que el corazón se me iba a salir por la boca, Dios continuaba cumpliendo sus promesas.

Cuando la gente escuchó algunas palabras que dije del testimonio, las llamadas comenzaron a entrar de personas que se encontraban en la misma condición que yo. Muchos hermanos llamaron para invitarme a predicar a su iglesia. Y aquellos mensajes que el Señor me había dado, y que no sabía adónde lo iba a predicar fueron los mensajes que el Señor me dijo que predicara.

Recuerdo que una hermana de una iglesia me invito a predicar a su congregación. Yo pensaba que era una iglesia pequeña, y cuando llegué, que vi el templo y las cantidad de personas, mis rodillas temblaban como gelatina. Pues era la tercera vez que predicaba en toda mi vida. Y para el colmo, el pastor dijo que él no me conocía y que él no subía a todo mundo en el altar, pero que diera lo que el Señor me había dado.

Yo pensé que el corazón me iba a matar, latía tan rápido que parecía que se iba a salir de mi pecho. ¡No sabía cómo iba a llegar al altar, pues las piernas no me paraban de temblar! Le dije al Señor: ¡Señor, si voy a sentir esto cada vez que tenga que predicar, mejor no predico, porque los nervios me van a matar! Pero Señor, ahora me encomiendo en tu manos, toma mi boca y habla tú.

Cuando comencé a predicar, los temblores eran tan grandes que el micrófono cada rato chocaba con mis dientes, y pensaba dentro de mí: ¡Si salgo viva de esta, no vuelvo a subir a otro altar a predicar! Pero de repente sentí como que algo descendió de lo alto, y me cubrió de la cabeza a los pies. Sentía que un fuego me estaba quemando. Cuando esa unción tocó mi vida, se fue el miedo, se fueron los temblores, y hasta los demonios que había en algunas personas salieron corriendo. El Señor salvó las almas que estaban descarriadas, restauró vidas que se sentían destruidas, sanó a los enfermos, y los endemoniados quedaron libres A ¡DIOS SEA LA GLORIA!

Después de eso, yo le dije al Señor: ¡Señor, cambié de opinión, quiero seguir predicando! El Señor me dijo: ¡TU NACISTE PARA PREDICAR! ¡PREDICA Y NO TE DETENGAS!

El Señor abrió las puertas para ir a predicar en Long Island, en la iglesia Monte Sinaí, que pastorea el hermano Bonilla. Dios usó como canal a dos hermanas de esa iglesia para que me invitaran a predicar. Desde la primera vez que fui a la iglesia hasta el día de hoy, no he dejado de visitarle. El pastor y su esposa me han adoptado como una hija, y en cada hermano de la iglesia puedo decir que tengo una familia.

EL Señor siguió cumpliendo sus promesas. Cuando me profetizaron que el Señor me codearía con Presidentes y Gobernadores etc., yo reprendí al diablo, porque como le dije ante, para mí eso era algo imposible. Pero una tarde me llamó la pastora Digna Martínez y me dijo que fuera con su hijo a representar la iglesia en una reunión con el comisionado de la policía. La pastora no podía ir, y deseaba que su hijo y yo, la representáramos a ella y a la congregación. El hijo de la pastora y yo nos fuimos escoltados por la policía del precinto 33 en el alto Manhattan hasta el cuartel general de Police Plaza.

El Señor me hizo sentir como una princesa, ¡bueno no solo me hizo sentir princesa, es que somos príncipes y princesas para el Señor! Allí había muchas personas importantes, y cuando el comisionado llegó se detuvo a saludarme. Yo lo saludé como a una persona común y corriente, porque no sabía que él era el comisionado, ni siquiera por foto lo había visto. Pero de repente, vi a los camarógrafos que nos rodearon tomándonos fotos a la misma vez que el me saludaba. Y fue entonces, cuando supe que él era el comisionado.

Lo gracioso de todo esto, es que a mí me mandaron a representar la iglesia a ese lugar, y yo no hablaba mucho inglés, ni tampoco lo entendía. Pero le dije al Señor en mi mente: "Señor, ya que me permitiste venir a este lugar, no te haré pasar vergüenza. Me comportaré cómo se comportan los demás. Cuando veía que la gente aplaudía, yo también aplaudía. Cuando se reían, también me reía. Pero en mi mente decía: "Señor ¿que abran dicho que les causó risa? pero entendiera o no, el Señor me estaba mostrando la fidelidad de su promesas.

Años después, me invitaron al aniversario de la organización de pastores y ministros de la ciudad de New York. Allí habían muchas personalidades importantes de la política como: El Gobernador, el Alcalde, Senadores y altos oficiales de la policía etc.

A mí me tocaba sentarme en la mesa # 69 bastante lejos de todo. Pero el Señor una vez más me mostró que Él cumple su promesa. El Señor permitió que encontrara a una sierva muy amada y usada por Dios. Ella me invitó a sentarme con ella en la mesa #2. Ese día tuve el privilegio de conocer al Sr. Gobernador y el Sr. Alcalde de la ciudad de N.Y.

Compartí con personalidades como el Senador por el Estado

de New York. Y Dios me hizo realidad unos de mis deseos que era conocer personalmente a Kittyn Silva, el cual era presidente de Radio Visión Cristiana en esos Años. Me senté con él, y nos tomamos algunas fotografías juntos. Ese día el Señor me dio una lección muy grande para que nunca más volviera a dudar de su palabra.

Estos testimonios no son para vanagloriarme, sino para que vean que Dios cumple su promesa. Yo no sé lo que Dios le ha prometido a usted. Pero sea lo que sea, por más imposible que usted lo vea, Dios cumplirá su promesa, y su propósito en usted. Si usted pidió algo en el nombre de Jesús, y lo que usted ha pedido es conforme a la voluntad de Dios, pues siga orando y ayunando por eso, y espere con paciencia porque eso viene en camino. Al tiempo de Dios, usted lo recibirá. Recuerde que Dios tiene su tiempo para cada cosa que se quiere. Sé que muchas personas oran y ayunan por un propósito y muchas veces Dios le contesta en seguida, pero hay otros que por más que oran y ayunan por un propósito no ven ningún resultado.

Déjeme decirle que el ayuno y la oración no son para hacer que Dios cambie de opinión, más bien Dios usará su oración y sus ayunos para cambiarlo a usted, y por medio de ese periodo de tiempo fortalecer en usted algunos músculos espirituales como la paciencia. Y tenga por seguro que cuando usted esté listo recibirá su bendición.

Quizás usted piensa que es ahora que le conviene recibir eso que usted le está pidiendo a Dios, pero Dios como es sabio y ve lo que nosotros no vemos, le dará su tiempo lo que a usted le conviene. Y si lo que usted pide no le conviene, crea que Dios es poderoso para proveerle a usted algo mucho mejor de lo que usted esperaba recibir. Yo creo que su repuesta viene en camino, y aunque para usted parezca lejano, le digo por el espíritu que la contestación del cielo está a la vuelta de la esquina, y puede ser que la reciba cuando menos lo espere, y por quién menos lo espere.

No es fácil creerle a Dios, cuando vemos que todas las cosas van contra a lo que Él nos ha prometido. Muchas veces nosotros, como humanos queremos ver para creer, pero cuando estamos en Cristo todo cambia, aquí hay que creer para poder ver. Cuando Dios llamó Abraham le dijo: <Vete de tu tierra y de tu parentela, y de la casa de tu padre, a la tierra que te mostraré>. Génesis.12:1

Dios le dio siete promesas a Abraham, pero Abraham tenía que caminar de acuerdo a la voluntad de Dios para obtener esas promesas. Lo primero que Abraham hizo fue obedecer a Dios y salir de su tierra y de la casa de su padre.

Abraham no le puso excusa a Dios. Él no le dijo al Señor: ¡yo no quiero irme de este lugar, porque aquí es que esta mi familia! Si tú quieres bendecirme, tú lo puedes hacer aquí, tu bendíceme dondequiera". ¡Abraham simplemente obedeció!

Para obtener todo lo que Dios me había prometido tenía que caminar de acuerdo a la voluntad de Él. Y eso no significaba que no tendría problemas, todo lo contrario, el querer hacer la voluntad de Dios puede implicar mucho sufrimiento, dolor, rechazo, burla, desprecio, soledad, etc. Pero pase lo que pase, no podemos dejar de predicar, ni de hacer la voluntad del Señor. Yo personalmente pienso que el que es llamado puede hacer lo que quiera, pero el que es escogido esta para hacer la voluntad del Señor, y no puede hacer lo que se le antoje.

Amados, como les dije antes, puede ser que muchas de las cosas que estoy compartiendo con ustedes, no la crean o simplemente no puedan aceptarla.

Pero hay experiencias que son necesarias vivirlas. Muchas de las cosas que pueden pasar en nuestra vida son permitidas por Dios, otras, son consecuencia de nuestra propia concupiscencia y desobediencia. Pero pase lo que pase si estamos en las manos de Dios, Él tomará cualquier circunstancia negativa que nos suceda para glorificar su nombre, y por medio de ellas bendecirnos. Solo Dios puede convertir un fracaso en una bendición para nuestra vida. Y recuerde que pase lo que pase, nada ni nadie podrá separarnos del amor de Dios.

Su palabra dice: ¿Quién nos separará del amor de Cristo? ¿Tribulación, o angustia, o persecución, o hambre, o desnudez, o peligro, o espada? Antes, en todas estas cosas somos más que vencedores por medio de aquel que nos amó. Por lo cual estoy seguro de que ni la muerte, ni la vida, ni Ángeles, ni principados, ni potestades, ni lo presente, ni lo por venir, ni lo alto, ni lo profundo, ni ninguna otra cosa creada nos podrá separar del amor de Dios, que es en Cristo Jesús Señor nuestro. Romanos 8: 35, 37-39)

Yo creo que todo, obra para bien, no importando cual sea la circunstancia. Le daré un ejemplo conmigo misma de como a los que aman a Dios, todas las cosas le ayudan a bien, y también de como el Señor usa cada circunstancia que nos pase para el glorificar su nombre; claro está, la biblia dice que esto es para aquellos que conforme a su propósito son llamados. Romano 8:28).

Cuando a mí me violaron a los 11 años de edad, yo no busqué que me violaran, simplemente sucedió como le ha sucedido a miles de mujeres, hombres, y niños(a). Me pregunté miles de veces, ¿Por qué a mí? ¿Por qué Dios lo permitió? ¿Por qué no me defendió? Ustedes han leído todo lo que sufrí, y tampoco el Señor me evitó todos esos sufrimientos. Pero si evitó que el enemigo me matara, porque Dios tenia propósito conmigo, y todo esos sufrimientos Dios lo iba a convertir en bendiciones para la vida de miles de personas.

Por muchos años mis preguntas no tuvieron respuestas. Pero hoy puedo decirle que el Señor me ha contestado. No lo hizo en el momento que yo quise, sino en el tiempo de Él. Recuerde que Dios tiene su tiempo para hacer las cosas. Dios sabe cuándo llegar, cuando detenerse, cuando correr, cuando hablar, cuando hacer silencio, y cuando moverse a nuestro favor.

Cuando veo que el Señor restaura una vida a través del testimonio, y cuando veo que esa persona tiene la fe de creer que así como Dios restauró mi vida, así como me salvó también hará lo mismo con ella o con él, yo digo: Señor gracias por las experiencia que me permitiste vivir, y por hacerla obrar a mi favor.

Créanme que no hay nada que me llene más de gozo, como ver a un alma venir a los pies del Señor, y de ver como Dios restaura su vida. No hay nada que me llene de alegría como ver a una vida ser libre, de los poderes de la tiniebla. Y por eso puedo decir: ¡TODO LO QUE SUFRÍ VALIÓ LA PENA, PORQUE HA SIDO PARA EL SEÑOR GLORIFICAR SU NOMBRE! ¡A EL SEA TODA LA GLORIA Y TODO EL HONOR!

Capítulo XII

Sanidad Interior

Capítulo XII

El Señor me había dicho que ponía en mis manos un ministerio de ayudar emocionalmente a mujeres violadas. Para entender lo que siente y sufre una persona que la ha sido violada, hay que haber vivido la misma experiencia. No es lo mismo decir: "yo me imagino lo que tu sientes, que decir: "yo sé lo que tu sientes. Yo sé lo que tu estas sufriendo porque yo también lo viví." Pero ¿cómo podemos ayudar a una persona que sido abusada? Creo que lo primero que debemos hacer es ser muy comprensivo con esa persona, y saber que cualquier reacción o actitud negativa en la persona puede ser normal.

Hay que tener mucha paciencia, y sobre todo brindarle todo nuestro apoyo. Esa persona se encuentra herida, llena de dolor, llena de rabia con ella misma, y con todas las cosas o personas que le rodean. También sienten rabia y dolor con Dios, porque se preguntan, si de verdad Tú existes ¿por qué lo permitiste? Y muchas veces sus preguntas no tienen repuesta inmediata.

En segundo lugar, después que la persona siente su apoyo, su comprensión, usted debe ayudarle a reaccionar positivamente para que sienta que aunque el mundo se le viene encima, no todo está perdido. Dios está en control de su vida. Usted no puede permitir que el pasado destruya su presente ni arruine su futuro.

Así como hay hombres y mujeres perversos, también hay hombres y mujeres temerosos de Dios. Así como hay mujeres víctimas de violación, también hay muchos hombres que han sido violados. Lamentablemente pocas personas pueden superar ese trauma y han caído víctima del homosexualismo, del lesbianismo, y otros han llegado a cometer suicidio.

Hablando de los homosexuales y las lesbianas, he oído decir a muchas personas, incluso gente cristiana que odian a los homosexuales y a las lesbianas, y se convierten en jueces y jurados para condenarlos. No estoy defendiendo el pecado que ellos cometen, porque es algo aberrante delante la presencia de Dios y su palabra condena ese pecado. Pero me refiero a la cantidad de personas que también los condenan a ellos como personas. Ellos no nacieron así, pero algo debió marcar su vida que le llevó a caer en ese pecado. Y solo Jesucristo puede quebrantar esa maldición.

Los padres también tienen que tener mucho cuidado de como tratan a su hijos desde pequeños. Recuerdo a un primo mío que lamentablemente falleció. Murió muy joven enfermo de sida. Pero cuando él estaba pequeño a su familia le gustaba vestirlo como una niña. A veces le ponían aretes, y hasta le pintaban la carita, y cuando iba creciendo lo llamaban mujercita. ¿Saben en qué terminó? en homosexual y muerto por el sida. Las palabras que salen de nuestra boca tienen poder.

La Biblia dice: « La muerte y la vida están en el poder de la lengua. Proverbio.18:21 » Cuando Dios me permitió hablar de mi testimonio, yo no tocaba el tema de la violación, para mí era algo vergonzoso, y no sentía de hacerlo. Pero un día el Señor me dijo que tenía que hablar de ese tema, porque dentro de su pueblo habían muchas personas sufriendo, hombres, mujeres, jóvenes, y niños que habían sido violados. Y que no podían crecer espiritualmente porque todavía no han podido superar ese trauma. Y que muchos preferían no hablar de ese tema, y aun al mismo Señor no le habían permitido entrar a esas áreas de su vida para que Él le sanara. Más sin embargo muchas de estas personas llamadas cristianas han querido ocultar su realidad detrás de una falsa santidad y religiosidad. Su vida es una mentira. Mentira que ellos mismos se creen 100%. Y muchas veces son quienes más oran y ayunan. Pero la realidad es que ellos necesitan de una sanidad interna.

Cuando el Señor me dijo que hablara de mi experiencia, yo le dije que si tenía que hablar de ese tema, mejor no daba el testimonio. El Señor no me dejaba tranquila, ni siquiera me dejaba dormir, y me decía: "habla, tienes que hablar." En esa misma semana estaba hablando con un joven cristiano y el Señor me mostró que cuando ese joven era un niño lo habían violado. Yo le dije a ese joven lo que el Señor me había mostrado, y él me confesó que era cierto, que cuando él estaba pequeño, un tío de él, lo violó, y que aunque él estaba en el evangelio no había superado ese trauma.

Yo misma creía que había superado mi propio trauma, pero lo que había hecho toda mi vida fue guardarlo muy bien en mi subconsciente. Y aunque no sentía dolor, ahí estaba. Pero el Señor no quería que lo guardara en el subconsciente, Él quería que lo sacara y recibiera sanidad, para que también pueda llevar sanidad a otras personas. Cuando Dios empezó a tocar esas fibras, me di cuenta que el dolor y el trauma estaba allí como el primer día. Yo le lloraba al Señor y le decía: "Entra a cualquier área de mi vida, pero no entres a esa área, porque me duele mucho". Pero mi amor por el Señor era, y es tan grande que tuve que olvidarme de lo que yo sentía y obedecer su voluntad.

Obedecí al Señor, y hable del tema de cuando me habían violado, y fue entonces cuando de verdad surgió la sanidad en mi interior. Recuerdo que la noche que daba mi testimonio, lloré como nunca lo había hecho, pero después de obedecer al Señor, vino parte de la sanidad a esa área de mi vida, y sentí que un peso muy grande me habían quitado de encima. Muchos años después Dios me permitió un encuentro con la persona que me había violado a los 11 años de edad, y fue entonces cuando surgió la sanidad completa en esa área y para esa edad. Muchas veces Dios usará lo mismo que te hirió como antídoto para volverte a sanar. Quizás usted no entienda que quiero decir, pero más adelante le hablaré de ese tema.

Algunas personas me preguntaban, que si no me daba vergüenza hablar tan abiertamente del tema de mi testimonio, ya que era una muchacha muy joven, y quizás podía tener dificultades para conseguir un buen compañero."

Yo le contestaba que no me daba vergüenza hablar del tema, no sentía ningún dolor, ni resentimiento, tampoco sentía culpa ni vergüenza, porque Dios me había sanado y además estaba haciendo lo que el Señor me había ordenado. Y que sabía que Dios tenía mi compañero, y que, cuando me lo diera, él no se iba a avergonzar de mí, y que en todo caso de que nadie me quisiera, me iba a sentir bien, porque si al dar el testimonio, una sola alma se salvaba, o Dios la restauraba, entonces había valido la pena todo el sacrificio.

Muchos dicen que eso es recordar el pasado y que la Biblia dice que no traigáis a memoria las cosas pasadas. Eso es cierto, pero también depende de cómo usted recuerde el pasado. El pasado nunca se olvida, pero es muy diferente cuando usted se acuerda de su pasado sin ningún dolor y sin ningún resentimiento, a cuando usted vive amargado pensando en lo que le hicieron y guardando resentimiento en su corazón.

Yo no puedo callar ni sentir vergüenza de lo que Dios hizo en mi vida. No puedo dejar de testificar de como el diablo quiso destruirme, y de cómo mi Señor y Salvador Jesucristo me salvó. Yo hubiera podido estar muerta o loca de por vida en un manicomio, pero estoy viva y con mis facultades mentales, ¡Gracias al Señor! ¿Saben ustedes las cantidades de personas que están en el infierno porque se suicidaron? otros cayeron víctima de maldiciones familiares, y no tuvieron la oportunidad que Dios me dio.

Y todavía hay un sin números de personas víctima del enemigo. Otras se encuentran recluidas en hospitales psiquiátricos. Otros están dependiendo de pastillas para poder sentirse mejor, y tanto los enfermos como sus familiares han perdido la esperanza. Pero yo quiero dejarle saber que si hay una esperanza y es Jesús. Y creo que como hizo el milagro en mi vida, también lo puede hacer en tu vida.

Al igual que muchas personas en el mundo, yo estaba sin esperanza, y si pude salir adelante no fue por mi propia fuerza ni mis propios méritos, sino por los méritos de Cristo. Y nunca me avergonzaré de testificar las grandes cosas que él hizo por mí.

Lo que a mí me da vergüenza es ver tantos tabú dentro de muchas Iglesias. Vergüenza me da ver tanta gente atada emocionalmente, porque han tenido miedo de hablar, y de decir las cosas que le atormentan por el temor al qué dirán de ellos. Vergüenza me da cuando ciertos pastores y ministros dudan de lo que estoy diciendo y de las experiencia que viví con el mundo Espiritual, más sin embargo, la mayoría de su miembros están viviendo la misma experiencia, y no saben qué hacer, ni a quién acudir por temor de que piensen que ellos están locos o simplemente, porque quizá se han descuidado Espiritualmente. Vergüenza me da ver que hay un mundo que se pierde. Hay una humanidad desesperada, en la cual muchos están sumergidos en severas depresiones. Y no importa en el círculo social que se encuentren. Aún los famosos se suicidan, porque por más fama y fortuna que tienen, nada los llena ni satisface el vacío que hay en su alma.

La mayoría de los canales de televisión están llenos de basura como la pornografía, promoviendo el sexo y el alcohol. Casi no hay programas sanos, y aún las noticias solo hablan de violencia.

Eso si da vergüenza. Es vergonzoso que gente que dicen creer en Dios son los primeros que prohíben que se hable de Dios. Cuando el primero que debe estar en nuestra vida y en todo lo que hacemos es Dios.

Si Dios no está en nuestros asuntos, entonces estará satanás. Sería una bendición que Dios tocara a alguien de un canal de televisión famoso donde millones de televidentes lo puedan ver y que asignen un programa para que personas que hayan sido transformados por un milagro de Dios, puedan ir a testificar.

Muchos no quieren que hablen de Dios porque es religión, pero si aparece cualquier hijo de Juan de los palotes diciendo que él es el cristo, pues a ese escuchan. Para mí eso si es vergonzoso. Oró para que haya un despertar en el mundo y la gente pueda darse cuenta que sin Dios nada podemos hacer. Y que la única solución a todos nuestros problemas es humillarnos ante la presencia de Dios y pedir perdón para que él nos perdone.

Les aconsejo a todas las personas que necesitan ayuda, que dejen la vergüenza a un lado y busquen ayuda. Hablen con alguien que los pueda ayudar y que les pueda entender. Busquen a alguien que le pueda creer. Busquen personas como el pastor Porfirio Reyes, que cuando fui por ayuda, El me ayudó y me creyó, y tuvo la autoridad y el poder en Cristo Jesús de echar fuera a esos demonios.

No permitan que el miedo, la impotencia, la vergüenza, o la creencia de los demás controlen su vida, y sus emociones. No dejen que nadie le robe sus sueños. A alguien Dios pondrá en su camino para que les ayude, pero no se rindan. Peleen, porque de lo cobardes no se ha escrito nada, y si Dios ha permitido que usted esté vivo o viva, aún después de todo lo que usted ha pasado y sufrido, es porque un propósito grande tiene con su vida.

No cometan el error de dejar de orar o de ir a la iglesia, porque tal vez sientan que nadie los entiende, o porque quizá no sienten la presencia de Dios. Ese sería un grave error y le permitiría al enemigo ganar ventaja en su vida. Recuerden que dejar de orar, leer la Biblia y dejar de asistir a la iglesia es cederle terreno al enemigo.

Hay algo muy importante que debemos hacer, y es saber perdonar de corazón y perdonarnos a nosotros mismo. A veces no queremos perdonar a las personas que nos han hecho daño. Por ejemplo, el perdonar a la persona que te violó no es tan fácil, porque vemos a esa persona como un monstruo, alguien terriblemente malo, perverso, enfermo de mente. Y realmente es así. Esa persona tiene una enfermedad, tiene un serio problema, y en todo eso está la mano del enemigo que trata de convertir a esa persona en alguien maquiavélica, destructora, y perversa. Pero lo crea usted o no, esas personas también necesitan ayuda, necesitan liberación, y necesitan que el amor y la misericordia de Dios puedan alcanzarlo. Y ese trabajo nos corresponde a nosotros hacerlo.

Desde pequeña, yo sentía rencor y odio por la persona que abuso de mí, y deseaba algún día poder vengarme de él. Recuerdo que cuando tenía como 13 años de edad, mi pastor Rafael Ortiz en la Republica Dominicana, me llevo a una campaña con el Evangelista Vicente Barranco. Y el predicador dijo, yo quiero que esa niña pase al frente, y le dijo al pueblo: "así dice el Señor, a esta niña le han hecho mucho daño, pero que Él se vengará, porque del Señor es la venganza y Él daba el pago."

Pasaron 11 años, y el Señor permitió que me encontrara frente a frente con la persona que había abusado de mí, y eso no es todo, yo estaba en mi trabajo y tuve la oportunidad de atenderlo a él, y venderle un par de zapatos. Después de eso, el Señor me permitió tener otro encuentro con él; pero el Señor me dijo: "Lo vas abrazar, lo vas a perdonar y le dirás que YO TAMBIÉN LE AMO". Antes que esto sucediera, el Señor me permitió expresarle a ese hombre todo el daño que él me había causado y de cómo había sufrido. Él se arrodillo y comenzó a pedirme perdón. Cuando lo vi humillado, sentí tanta lástima por él, que le dije que no hiciera eso, que yo lo perdonaba. Nos dimos un fuerte abrazo y le dije que el Señor Jesucristo también lo amaba."

Hoy ese hombre es uno de mis mejores amigos. Para hacer esto, se necesita amar de verdad al Señor, tener su amor en nuestro corazón, y también estar en la disposición de perdonar por el mismo bien de nosotros mismos.

Muchas personas dicen: "yo le estoy orando a Dios para que me ayude a perdonar". Eso está muy bien, pero recuerde que es un mandato de parte del Señor y debemos obedecer. Otros dicen que todavía no sienten perdonar, tampoco tiene que esperar sentir, tiene que hacerlo en un acto de fe y obediencia a Dios. Y así sus oraciones no tendrán ningún estorbo.

La Biblia nos dice que <si perdonamos a los hombres sus ofensas, os perdonará también a vosotros vuestro Padre Celestial; más si no perdonáis a los hombres sus ofensas, tampoco vuestro Padre os perdonará vuestras ofensas>. San Mateo 6:14-15".

Hermanos, yo pasé por experiencias muy dolorosas provocadas por familiares muy cercanos. Me hicieron cosas tan terribles que solo una persona poseída por el mismo diablo es capaz de hacer y de decir. Esas experiencias no la escribí en este libro porque se tratan de personas muy cercanas a mí. Pero lo que quiero decirle, es que cada vez que estas personas me hacían daño, el Señor solo me decía debes perdonarle, porque no es esa persona que te odia, sino el mismo diablo que a través de ellos te quiere destruir.

Créanme que el precio que pagué fue alto, pero obtuve la victoria, porque me negué a mí misma, fue como morir a mí misma, y muy por encima de mis sentimientos, y de mi dolor, decía: "Por ti Jesús voy a perdonar a esas personas todas las veces que sean necesarias".

Dios permitirá experiencia dolorosa en nuestras vidas, no con el propósito de hacernos sufrir, sino con el propósito de hacernos crecer como persona, hacernos madurar, fortalecer en nosotros esas áreas débiles que hay en nuestra vida, y moldear nuestro carácter, para hacer de nosotros, el hombre y la mujer que Dios quiere que seamos en sus manos.

Yo conozco personas que tiene un carácter muy fuerte, y no le importa ofender a quién sea, y la excusa que ponen es que ellos son así, que así nacieron y así se quedan. Realmente esa es una excusa muy pobre, y el Señor no acepta esa excusa.

Ese mal carácter tenemos que entregárselo al Señor para que Él lo moldee a su modo. Esa frase famosa de "YO SOY ASÍ" es simplemente una excusa para seguir igual. Recuerden que para que muchas cosas cambien en nuestra vida, es necesario tener un cambio de actitud positiva.

Anteriormente yo decía que no quería que nadie pusiera su mirada en mí porque como humana tengo muchas fallas, y que no soy perfecta. Todo eso es cierto, pero a la misma vez me di cuenta, que esa era una simple excusa para hacer las cosas a mi manera. Aunque como humanos tenemos muchas fallas, la Biblia me dice que debemos dar ejemplo como creyentes. Y sobre todo dar buen testimonio para que la gente no diga nada malo de nosotros, sino que tengan que reconocer que verdaderamente somos siervos de Dios.

Yo me gozo cuando puedo ver hombres, mujeres, jóvenes y niños, que Dios ha restaurado a través de este testimonio. Ellos han comprendido que así como Dios me ayudó a superar ese trauma, así como el sanó mis heridas y como se está glorificando en mi vida, lo puede hacer con ellos. Y me dicen que como Dios permitió que fuera de bendición para su vida, así ellos también deseen bendecir a otras personas, testificando del poder y las maravillas que Dios ha hecho con ellos.

Conservo una fotografía de una familia que el Señor salvó en Ecuador. Ellos me escribieron, y la dedicatoria de la foto dice: "Para la mujer que Dios uso para cambiar nuestras vidas por medio del Señor Jesucristo." Realmente yo no hice nada, me declaro sierva inútil, solo hice lo que debía hacer. ¡Predicar el evangelio del Señor Jesucristo! Él es quién hace todas las cosas posibles. Toda la Gloria es de Él.

Es necesario que se produzcan cambios positivos en la vida de las personas.

El Espíritu del Señor esta sobre nosotros para que eso cambio puedan ocurrir, el Señor nos ha ungido y nos ha mandado a predicar las buenas nuevas a los abatidos, a vendar a los quebrantados de corazón, a publicar libertad a los cautivos, y a los presos apertura de la cárcel; a proclamar el año de la buena voluntad del Dios nuestro; a consolar a todos los enlutados; a ordenar que a los afligidos de Sión se le dé gloria en lugar de ceniza, óleo de gozo en lugar de luto, manto de alegría en lugar del espíritu angustiado; y serán llamados árboles de justicia, plantío de Jehová, para gloria suya. Isaías 61:1-3}.

Capítulo XIII

Campaña en la República Dominicana

Capítulo XIII

«Y estas señales seguirán a los que creen: En mi nombre echarán fuera demonios; hablarán nuevas lenguas; tomarán en las manos serpientes, y si bebieren cosas mortífera, no les hará daño; sobre los enfermos pondrán sus manos, y sanarán ». San Marcos 16:17-18.

El Señor continúo abriendo puertas para que fuera a predicar, y esta vez me envío a la Republica Dominicana. Allá tuve la oportunidad de predicarle a mi familia de parte de padre, y todas las personas se dieron citas para ir a la campaña.

En la campaña, una señora empezó a danzar y hablar unas lenguas muy raras. La gente adoraba a Dios, pero yo sabía por el espíritu, que en esa señora no estaba el espíritu Santo, sino que estaba poseída por demonios. Le dije a la iglesia que se pusieran en comunión, y cuando puse la mano encima de la mujer, los demonios la tiraron con violencia al piso, y decían a través de ella, que yo una vez le pertenecía a ellos, pero que ya, yo no era de ellos, y que ahora el poder estaba en mí. Le ordené que se callaran en el nombre de Jesús, y que la dejaran libre. Ellos obedecieron, pero otro demonio tomó posesión del cuerpo de la mujer. Ése espíritu inmundo comenzó hablar a través de ella; habló en un dialecto haitiano que le dicen {Patua} luego empezó hablar en Francés, y después otra lengua que yo no entendía.

Yo sabía que los demonios salen únicamente en el nombre de Jesús, pero no tenía la certeza de que este demonio entendiera español, ya que los tres idiomas que habló, yo no lo hablaba ninguno. Le oré al Señor, porque El sí sabe hablar y entender todos los idiomas. Y le dije: "Padre en el nombre de Jesús, dame el idioma que este demonio está hablando para echarlo fuera."

El Señor no me falló y me puso hablar el mismo idioma "patua" que el demonio estaba hablando, y le ordené que dejara ese cuerpo libre en el nombre de Jesús. La mujer quedó libre. Esa mujer era cristiana, pero solo Dios sabe porque razón los demonios poseían su cuerpo como dueños y señores de ella. Pero gloria a Dios, que esa noche ella quedó libre, y muchas almas vinieron a los pies de Cristo.

Después de esta campaña, fui invitada a dar mi testimonio a otra campaña al aire libre. Mientras no había empezado el testimonio, todo estaba bien. Pero cuando comencé a testificar, un alambre eléctrico empezó a incendiarse, la gente empezó a correr, y dejaron las sillas vacía. Yo continuaba con el micrófono en la mano, y un demonio me dijo: "Suelta ese micrófono, si no quiere morir electrocutada". Por un momento dude, pero reaccione rápidamente y le contesté: "Si muero electrocutada me voy con Cristo, y hay muchos más que seguirán predicando el Evangelio". Seguí dando el testimonio, y la gente volvió a sentarse en su silla. Al terminal de predicar, se acercó un joven y me dijo, que su mamá tenía un ataque de temblores, y que lo mando para preguntar, que quién era quien estaba predicando, porque desde que empecé hablar, el altar de demonios que ella tenía en su casa no dejaba de moverse. Y que ella tampoco podía dejar de temblar. La madre de ese joven era una bruja que le servía a satanás, y él le contesto: « ella es una predicadora que vino de New York a predicar, y lo que usted está sintiendo es la presencia del poder de Dios, porque los demonios tienen que temblar ante la presencia de Dios y salir huyendo ». Esas noches las vidas inconversas que estaban en ese lugar aceptaron al Señor.

Luego fui invitada a predicar en una iglesia en Santo Domingo. Allá la presencia del Señor se dejó sentir en gran manera. Mientras testificaba se derramó una unción especial de parte del Señor. La gente no dejaba de alabar la grandeza de Dios, y otros salían danzando desde sus asientos. Nunca le había ministrado a tantas personas juntas, la fila parecía no terminar, y decía en mi mente: "Señor, estoy agotada." De repente sentí la mano de un hombre que me sujetaba por la espalda, eran unas manos tan reales que podía sentir su cinco dedos. Cuando por fin pensé que había terminado, me llevaron una mujer, y la pararon frente a mí y me dijeron que orara por ella. Cuando iba a poner la manos sobre ella, el Espíritu Santo me dirigió a que no la tocara, y que le diera siete vueltas. Cuando iba por la quinta vuelta, los demonios se manifestaron en aquella mujer, y la levantaron por los aires, dejándola caer al piso. Yo misma dije en mi mente: "La mataron" pero gracias al Señor, estaba viva.

Los tres primeros demonios que se manifestaron en ella, yo los conocía, pero se manifestó uno más que solo me decía que me iba a destruir. Sentí inquietud por saber quién era el. Le pregunte su nombre, pero no quería dar su nombre. En la iglesia había unos siete diáconos que eran guerreros de oración, y se unieron conmigo en la guerra contra aquel demonio.

Hubo un momento en que ese demonio me dijo: "Quítame las manos de encima, porque me están quemando". Y con autoridad volví a preguntarle: ¿Quién eres tú? Y a gritos contesto: ¡Yo soy satanás, y este cuerpo me pertenece! Le dije, en el nombre de Jesús déjala libre, ella no te pertenece".

Él no se quería ir. Créanme que la guerra se puso fuerte, a la misma vez que le reprendía, les pedía ayuda al Señor y al Espíritu Santo. Pero yo sentía que fuego salía de mis manos, el enemigo no pudo resistir, y minutos después dijo Satanás por boca de la mujer:

"Me voy, pero nos volveremos a ver."

La mujer era sobrina del pastor, y cuando satanás dijo que era él que estaba en ese cuerpo, el pastor fue y nos dijo a mí y a los otros diáconos de la iglesia que la dejáramos tranquila, que el Espíritu Santo podía hacer la obra. Nosotros no le hicimos caso al pastor, sino a lo que dice las escrituras en Marcos.16:17-18.

Aquella mujer al quedar libre parecía que había nacido de nuevo, tenía un semblante diferente, y quedó libre de toda opresión. ¡La gloria y la honra son del Señor Jesús! el Señor me envío a la casa de la mujer para orar en el hogar, y cuando empezamos a orar, el Señor me dirigió a ir a las habitaciones, y en una de la habitación tuve una pelea con un demonio. Aquella mujer tenía altares de brujería, y aun imágenes y amuletos que provenían de África y Haití.

En aquella casa parecía que todas las legiones del infierno habían venido contra mí, y le dije: «Si quieren guerra, guerra tendrán en el nombre de Jesús ». Tomé todas las imágenes de yeso que había en el altar, y los partí, luego busque aceite ungido y ungí toda la casa, y no paré de guerrear, hasta que no sentí los aires libres. Cuando llegué aquel lugar, la opresión era tan fuerte que sentía unas garras como de un animal encima de mi cuello. Pero lo más importante de todo es que El Señor me dio la victoria.

"El encuentro con Satanás"

Cuando venía de regreso a New York, el Señor me advirtió que recibiría una visita del enemigo, y no tardó en visitarme. Una noche estaba orando como a las 11 de la noche, y el Señor me dijo: "No abras los ojos, porque satanás te va a visitar. De repente la habitación se cubrió de una neblina espesa, y oía los pasos como de un gigante que se aproximaban a mi habitación. Todo mi cuerpo empezó a temblar como una gelatina, sentía que me iba a dar un infarto.

Yo estaba de rodillas con el cuerpo reclinado encima de la cama, y satanás entró, y se sentó encima de la cama. Su cuerpo era tan pesado que la cama la reclino hasta el suelo. Yo sentía que mi corazón no iba a soportar más, y comencé a gritar llamando al Señor, pero parecía como que Dios me había dejado sola. No sentía su presencia por ningún lado. Llame al Espíritu Santo, y le recordaba que Él era mi consolador, pero parecía que también me había dejado.

También clamé directamente al padre, pero nada sucedió. Me acordé que los ángeles están a nuestra disposición, y dije: « Si aquí hay algún ángel conmigo, le pido en el nombre de Jesús que me ayude; pero parece que no había ninguno. Entonces como última alternativa llamé a mi mamá y a mis hermanos, pero tampoco pudieron escucharme. Me estaba dando por vencida, y le dije al Señor: "Señor no resisto la presencia de satanás, siento que me estoy muriendo".

Pero oí la voz del Señor que me dijo: "Pelea, tú tienes el poder, y sentí una fortaleza que me cubrió de la cabeza a los pies, y me puse derecha, y me dirigí hacia él; y le dije: "Óyeme bien satanás, porque no te lo voy a repetir. Yo no te pertenezco. El pacto que hicieron contigo por mi vida, el Señor Jesucristo lo quebrantó. Ahora Él es amo y Señor de mi Vida, y he sido comprada por Él a precio de sangre. Ya no te tengo miedo, y te ordeno en el nombre de Jesús, que te levantes de mi cama, y sal de este lugar ahora mismo. Fuera, en nombre de Jesús. »

Él se levantó y se fue. Cuando se fue, desapareció aquella neblina espesa. El enemigo llegó casi a las 00: AM y se fue a las 2: AM. Déjenme decirle que llamar al diablo es una cosa, y tenerlo frente a frente es otra cosa muy distinta. A menos que Dios no te dé la fortaleza para resistir su presencia, este cuerpo humano no lo resistiría. Yo no juego con el enemigo, tampoco lo paso por alto como muchas personas dicen. Por no tomarlo en serio, y por estar pasándolo por alto, es que él ha destruido a muchos ministros, y a muchos ministerios. Por pasarlo por alto es que él está destruyendo iglesias completas, por pasarlo por alto es que él está destruyendo familias completas. Pasarlo por alto, ni darle importancia no es la solución. Muchos dicen, que ni siquiera lo mencionan, pero Cristo lo mencionó, lo enfrentó, y lo derrotó. El enemigo no es todopoderoso, pero tiene ciertos poderes que no debemos pasar por alto. Algunas personas, especialmente pastores me han criticado, porque dicen que en el testimonio menciono mucho a los demonios y a satanás, y que eso es darles importancia a ellos.

Yo no le estoy dando importancia a ningunos de ellos. Estoy haciendo lo que el Señor me ordenó. El Señor me dijo, que me permitió vivir esa experiencia para que conozca del mundo Espiritual, y para que le hablará a su pueblo de los demonios, porque había muchos que hablaban de ellos, pero que en realidad no le conocían. El Señor me advirtió que muchas puertas me la iban a cerrar, porque muchos de sus ministros no iban aceptar el testimonio, pero que Él me llevaría y me abrirías puertas de las Iglesias que sus siervos lo iban aceptar, que Él me abría las puertas, y que fuera sin ningún temor.

Al principio que grabe el testimonio en video, fue de gran bendición para muchas personas. He recibido noticias de grandes testimonios de las cosas que Dios ha hecho en las vidas de muchas personas al ver el video, pero también he recibido fuerte críticas de pastores que no están de acuerdo en que dé este testimonio. Personalmente creo que al único que no le conviene que testifique es al diablo, y créanme, que por hacerlo, ha intentado matarme muchas veces, pero la mano de Dios me ha guardado.

Un día un pastor me llamó y me dijo que quería decirme de parte de Dios que no diera más el testimonio, ni en Iglesias, ni al aire libre, porque eso fue una experiencia personal que yo viví, y que no debería estar pregonándola a los cuatros vientos."

Yo le contesté que a mí el Señor me había dicho lo contrario, y que yo conocía también la voz del Señor; y que la experiencia no me parecía tan personal, porque son miles de personas que están pasando por la misma experiencia que yo viví. Ese pastor me dijo muchas cosas más. Yo lo escuché y al terminar de hablar con él, sentí una tristeza tan grande que me puse a llorar, y le dije al Señor: "Señor no quiero seguir dando el testimonio, porque presiento que tendré muchos problemas.

Pero no había terminado de hablar con el Señor en oración, cuando sonó el teléfono, y era otro pastor para decirme, que él no me conocía pero que había visto mi testimonio, y que el Señor le dijo que me llamará y que me dijera que siga adelante y que no me detenga. Porque ¡ay de mí, si me quedo callada!

Dios me abrió muchas puertas, pero surgió otra llamada de otro pastor que quería que predicara en su iglesia, pero me pidió que no testificara, porque el también sentía departe de Dios, y por su experiencia en el ministerio, que yo no debería dar ese testimonio. Y que además, el sufrió mucho con su esposa la cual era cristiana, y vivió una experiencia similar a la mía, pero que los demonios la atormentaron hasta el punto que murió.

Sentí deseo de contestarle que lo que le pasaba era que había quedado traumatizado con lo que le ocurrió a su esposa, pero decidí callar. Realmente no quedamos en ningún acuerdo, porque también ese pastor quería decirme a mí lo que le gustaría que yo predicara en su iglesia. Yo creo que si Dios me envía a predicar a un lugar, Él me dará el mensaje de acuerdo a la necesidad del pueblo, y no acepto que ningún hombre me diga lo que tengo que decir en un pulpito. El mensaje lo da Dios. Cuando terminé de hablar con el pastor, me sentí tan triste como cuando el primer pastor me llamó. Y me puse a orar, y el Señor me dijo: ¿Te vas a poner así por una puerta que se cerró? Yo te lo dije desde el principio, que no te permitiría ir a las Iglesias donde no acepten el testimonio. Pero tú no puede callar, porque si tú callas, levantaré a otro para que hable."

Ese día el Señor me mostró su respaldo, y recibí más de diez llamadas para ir a predicar. Y me acordé que un día el Señor me dijo que si cerraba una puerta, el abriría diez. Tenemos que tener cuidado con decir "el Señor me dijo" hay que saber diferenciar entre un sentir fuerte de nosotros mismos, y el sentir de parte de Dios. Porque de lo contrario, podríamos cometer muchos errores, causar muchos daños, y crear muchas confusiones.

Es importante estar seguro de saber cuándo Dios te habla, porque cuando tú conoces la voz de Dios, y tú estás seguro de lo que Él te ha dicho, no importa quién te diga que Dios le dijo algo contrario a las cosas que te había dicho a ti. ¡Dios no es Dios de confusión! Por eso te exhorto a que sigas buscando su presencia, y esperando en Él; y veras las cosas grandes y maravillosas que Él hará por medio de ti. No tomes decisiones a la ligera, ni te muevas por la primera profecía que te den. Busca la dirección del Señor, y pídele que cuando Él te hable a través de alguien, te confirme en tu corazón que de verdad esa persona está hablando de parte de Dios. También recuerde que Dios puede probar tu corazón y tu obediencia a Él. Dios en su soberanía puede darte una palabra solo una vez, y luego enviar a alguien con otra palabra distinta, para Dios probarte y ver a quién tú le vas a creer. Dios lo hizo conmigo, el me dio la orden de testificar y parar. Pero cuando empezaba a testificar aparecieron esos dos pastores con mucho conocimiento de la palabra, y con casi 30 años de ministerio para decirme que Dios le dijo, que me dijeran a mí, que no diera el testimonio.

Yo pude haber escuchado la voz de ellos, pero me acordé que Dios me dijo otra cosa muy distinta a la que estos hombres me estaban diciendo. Pero cuando conocemos la voz del Pastor de pastores no hay quién nos haga retroceder atrás, así se presente un ángel. Dios bendijo mi fidelidad. Amados yo creo en la profecía y en los profetas, pero cuando nos den una profecía escudriñémosla y busquemos dirección de Dios. Estamos en tiempo muy peligrosos. Y cualquier error lo podemos pagar muy caro.

Capítulo XIV

En las Manos del Alfarero

Capítulo XIV

Palabra de Jehová que vino a Jeremías, diciendo: levántate y vete a la casa del alfarero, y allí te Haré oír mis palabras. Y descendí a la casa del alfarero, y he aquí que él trabajaba sobre la rueda. Y la vasija que él hacia se echó a perder en su mano; y volvió y la hizo otra vasija, según le pareció mejor hacerla". Jeremías.18:1-4.)

Esta enseñanza podemos compararla con la obra de Dios en nuestra vida. El Señor es nuestro alfarero.

Él nos hizo y nos dio forma como el barro en la mano del alfarero. El Señor es quién nos moldea y determina en gran parte lo que Él puede hacer con nosotros cuando le obedecemos. Cuando estamos en las manos del alfarero, no hay mucho aleluya, ni gloria a Dios. Cuando Él nos quebranta, hay silencio, dolor, lagrimas, y las palabra casi no pueden salir de nuestra boca.

Yo sé que se siente estar, no solamente en la casa del alfarero, sino también en las manos del alfarero; mientras el alfarero nos está dando forma, sentimos que todo nuestro ser se está desbaratando, porque el proceso es doloroso, y el Señor va arrancar las cosas que el no plantó en nuestra vida, y pondrá las que nos hacen falta para ser las vasija que él Señor quiere que seamos.

Cuando estamos en la casa del alfarero sentimos que no podemos soportar el proceso. Las fuerzas humanas desfallecen. Sentimos que las aguas pasan más arriba de nuestra nariz, y que estamos perdiendo todo control. En realidad eso es lo que el Señor quiere de nosotros, que le cedamos el control absoluto de nuestra vida, de nuestras emociones y nuestro carácter. Otras veces sentimos que estamos en un horno de fuego. Pero así como el barro tiene que ser pasado por un horno, también el Señor permitirá que pasemos por el horno de fuego, para que algunas ataduras se quemen, para que las víboras que están escondidos salgan. ¿Cuáles puede ser algunas de esas víboras escondidas? por ejemplo, nuestras actitudes negativas. Nuestro propio carácter. Muchas veces poseemos un carácter muy explosivo, y no nos importa ofender a quién sea.

Hay personas que a pesar de haber nacido de nuevo, todavía quién los gobierna a ellos es el hombre viejo. Si después de haber nacido de nuevo nos dejamos dominar por la ira, por el enojo, por el rencor, las raíces de amargura, por el orgullo, la arrogancia, por los malos hábitos y muchas otras cosas más, entonces Dios nos tomará y nos desbaratará para hacer de nosotros otra vasija mejor. Y nos pondrá en el horno de la aflicción, de la humillación, de la prueba y en todos los hornos que sean necesarios con tal de hacer de nosotros esa valija de honra y de gloria que Él quiere que seamos.

Cuando Sadrac, Mesac, y Abenego, fueron echados a los hornos de fuego, Dios no los libró de ser echado en ese horno, pero tampoco permitió que ellos murieran. Dice las escrituras, que fueron atados y ningunos de ellos sufrieron daños. Solo se quemaron las ataduras. Dios nos permitirá pasar por el horno, pero recuerde que Él estará con usted en medio del horno, y solo se quemarán en usted las cosas que estorban su caminar con Él.

Recuerde que usted es un soldado, es un guerrero. Y como soldado será probado, tendrá que pasar por el campo de entrenamiento para después ser enviado a la guerra. Antes de que el Señor, te envié a una misión en algún lugar o poner un ministerio en tus manos, él te va a preparar. Dios primero llama, después prepara y luego envía. El entrenamiento no es fácil, existen momentos en los cuales nos sentimos morir. Y realmente esa es la clave: MORIR AL YO para que Cristo sea formado en nosotros. En mi vida personal, Dios no cambió mi vida de la noche a la mañana, ni de un día para otro. Todo fue un proceso muy difícil, y por cierto bastante largo. Después que el Señor me libertó, pase siete años en preparación. Él no me lanzó al ministerio de una vez, además no estaba preparada. Personalmente, creo que siete años no es mucho tiempo, pero ese fue el tiempo que al Señor le plació. Y quiénes somos nosotros para decirle al Señor como y cuando él tiene que hacer las cosas.

Ahora, no significaba que después de esos siete años todo estaba bien, ¡no¡ todavía dentro de mí, había áreas que no le había entregado al Señor. Había traumas que no se habían sanado. Aunque Dios en su misericordia me estaba usando y abriendo puertas para ir a predicar, todavía, yo necesitaba seguir frecuentando la casa del alfarero. Una de las áreas más difíciles de entregar fueron mis emociones y mi carácter. Las emociones son traicioneras, y fácilmente podemos ser víctimas de ellas. Yo dependía mucho de mis emociones y creía más en lo que sentía que en las cosa que el Señor me decía.

El Señor me había hecho muchas promesas y para obtenerlas, tenía que caminar de acuerdo a su voluntad, y dejarme guiar por Él. Lamentablemente los traumas que todavía había en mí, me traicionaban, y me hacían cometer muchos errores. Por un tiempo lleve una vida hipócrita delante de los demás. Iba a la iglesia, cantaba, danzaba, hablaba en lenguas, oraba, ayunaba, de vez en cuando predicaba. Era un ejemplo para los demás, pero la realidad era otra. A pesar de hacer todo eso, me sentía sola, vacía, insegura de mi misma, y muchas veces tenía que tomar pastillas para poder dormir. Y todo eso era simplemente por no querer entregar todas mis cargas y mí pasado al Señor, ni permitirle que entrara a esa área de mi vida para que Él la sanara completamente.

Me gustaba que la gente se compadeciera de mí, y que me tuvieran lástima. Y en lo personal no hacía nada por salir de ese círculo vicioso, que tarde o temprano podía destruir mi vida emocional, y también Espiritual.

Me encontraba como el pueblo de Israel. Israel podía cruzar el desierto en 40 días y llegar a la tierra prometida, pero por su desobediencia y rebeldía, se tardaron 40 años en el desierto, dando vueltas en el mismo lugar; hasta que un día el Señor le dijo: "bastante habéis rodeado este monte, volveos al norte". En otras palabras, bastante tiempo han estado en este lugar, es hora de que caminen. Deuteronomio 2:2-3.

Espiritualmente, yo estaba dando vueltas y vueltas en un mismo lugar. A ese lugar puedo llamarle: trauma, miedo, cobardía, inseguridad, resentimiento, raíz de amargura, falta de perdón, hipocresía, dolor del pasado, etc.

Así como yo estaba, el Señor no podía usarme como Él quería. Era necesario despojarme completamente de toda carga, para recibir sanidad, y poder ministrarles sanidad a otras personas. Porque de la misma manera que un ciego no puede guiar a un ciego, tampoco un enfermo puede ayudar a otro enfermo. Yo era una vasija que necesitaba que el alfarero me tomara en sus manos, y me desbaratara, para hacer de mi otra vasija según a Él le pareciera mejor hacerla. Sabía que el proceso iba a ser doloroso, y fue doloroso pero también estaba consciente de que si me echaba a perder en las manos del alfarero, Él sabía cómo restaurarme, y por lo tanto no tenía que temer.

Una de la experiencia más dolorosa para mí, fue tener que renunciar al amor enfermizo que sentía por mi papá. Aunque no viví mucho tiempo con mi papá, desde niña lo idolatraba. Mi padre era un hombre de pocas palabras, y pocas veces expresaba lo que sentía. Adoraba a mi padre, pero a la misma vez le tenía miedo. Muchas veces deseaba abrazarlo y expresarle lo mucho que lo quería, y decirle que cuando fuera grande quería ser como él. Pero nunca se lo dije. A veces me preguntaba: ¿por qué mis hermanitos pueden abrazarlo, y sentarse en sus piernas, y yo no puedo hacerlo?

Al crecer separada de él, me hice un mundo de fantasía en mi mente, ideando a un papá que solo existía en mi imaginación. En cada hombre que veía idealizaba a mi padre. Frecuentemente fui hospitalizada porque caía en severa depresión y pensaba: "sin mi papá no quiero vivir". Para mí, el amor de mi padre terrenal era más importante que el amor que Dios podía darme. Yo solo quería tener el apoyo y el amor de mi padre terrenal, como lo tenían las demás jóvenes, y obsesionada por conseguirlo me estaba destruyendo a mí misma.

El Señor siempre me ministraba y me decía: "Sandy yo soy tu Padre." y en mi desesperación le contestaba: "yo sé que tú eres mi Padre, pero también tú me diste un padre terrenal, y a él es el que quiero." yo anhelaba que mi padre estuviera conmigo para que me ayudará. Para contarles mis problemas, y sobre todo para que me ayudará con las matemáticas.

Pasaron varios años en esa condición. Y una noche el Señor volvió a ministrarme a través de una ancianita que fue a predicar a la iglesia, y me dijo: {así te dice el Señor: Yo soy tu padre. Te escogí desde el vientre de tu madre. Y solo use a tus padres como canal para traerte al mundo. Tú eres mía y te quiero predicando.} Cuando llegué a la casa, estuve llorando hasta muy tarde de la madrugada. Comencé a orar y hablar con el Señor. Le expresé mi dolor, mi tristeza, y las frustraciones que estaba sintiendo.

Le dije: "Señor, yo no quise ofenderte. Yo solo deseaba tener a mi papá para que me amara y me protegiera. Reconozco que he amado a mi padre más que a ti, y hubiera dado mi vida por tan solo recibir un abrazo de Él. Señor, yo lo amo, pero también siento rabia y dolor con él, porque no estuvo conmigo cuando más lo necesitaba. Oh Señor, sin él, yo me he sentido vacía.

Si tú eres mi padre como tú me has dicho, y si tú lo llenas todo, ¿por qué no llenas este vacío tan grande que dejó mi papá en mi vida? Señor, yo solo me conformaba con un abrazo de él. Y si tú me abrazas, yo no podré sentir tus manos como sentiría las manos de él. Pero Señor, si es de verdad que tu usaste como canal a mis padres, solo para traerme al mundo, te pido como Señal que tú le des otro hijo a mi papá a cambio de mí, y que nazca el mismo día que yo nací; y te prometo que me dedicaré a ti, y a predicar tu palabra, como tú me has mandado.

Esa noche me dormí llorando. Pero esa misma madrugada, el Señor me dio una lección que nunca olvidaré. Muy temprano en la madrugada fui despertada, y vi un tremendo resplandor de luz que se aproximaba a mi habitación. La presencia del personaje que estaba envuelto en medio de la luz me cubrió de la cabeza a los pies; y sentí que todo mi ser Él, lo estaba llenando. Luego sentí unas manos que comenzaron a acariciarme como se acaricia un bebé. Sus manos eran tan reales que podía sentir sus cinco dedos de las manos.

Él me abrazó fuertemente, y yo solo pude decir: ¡Señor tú me estás abrazando! y Él me susurró al oído: "Yo lo lleno todo, y para mi nada es imposible. Si tu padre te hubiera abrazado, tú solamente hubieras sentido sus manos. Pero yo lo lleno todo". Luego el Señor se fue y seguí durmiendo como un pajarito. Cuando amaneció me sentía nueva, y sentía que todo mi ser estaba lleno.

Después de esa experiencia con el Señor, llamé a mi papá y le dije todo lo que había sentido. Le expresé la falta que él me había hecho toda la vida, y lo mucho que lo necesité, pero también le dije lo mucho que lo amaba. Le dije que renunciaba a ese amor enfermizo que había sentido por el toda la vida. Y que ahora yo le pertenecía al Señor Jesucristo, pero que a cambio de mí, el Señor le iba a dar otro hijo, y que yo quería que él le diera todo el amor que nunca pudo darme a mí.

Esa palabra se la dije de corazón. Mi papá no tomo muy en serio lo de tener otro hijo. Para él era algo imposible. Pero el Dios que usted y yo le servimos es experto en hacer de lo imposible las cosas posibles.

Meses después me llamó la novia que tenía mi papá para decirme que estaba embarazada y que deseaba tener un varón. También me dijo que los doctores le dijeron que daría a luz a principio de marzo. Yo no podía creer lo que estaba oyendo, Dios había aceptado la promesa que le hice, la novia de mi papá me dijo que le gustaría que él bebe fuera un varón. Le pregunté a la joven: ¿Tú crees que Dios puede hacer el milagro de cambiar el sexo de la criatura en tu vientre? Ella me contestó que eso era algo imposible. Entonces le dije: "voy a orar ahora mismo por ti, para que el Señor haga el milagro, y para testimonio de que Él, lo hizo, tu hijo no nacerá a principio de Marzo nacerá a final de mes el 29 de marzo, el mismo día que yo nací". Esa conversación fue por teléfono. Yo me encontraba en New York y ella en Ohio.

También le dije que le dijera a mi papá que ese niño es el que el Señor le da a cambio de mí. Ella me dijo que eso sería un milagro grande, y que si Dios lo hacía, ella se iba a convertir al Señor Jesucristo.

Pasaron los meses y Dios cumplió su promesa. El niño nació el 29 de marzo del 2000.

Después de haber tenido esa experiencia con el Señor, y de

hablar con mi papá, mi vida cambio. Yo le entregué esa áreas de mi vida al Señor y el la restauró. Comprendí que yo era una persona adulta que tenía que madurar, y crecer tanto en lo Espiritual como en lo personal. No podía pasarme toda la vida lamentándome y teniéndome lástima. Entendí que no podía cambiar el pasado, que tenía que enfocarme en el presente, en lo que Dios tenía para mí y en las cosas que Él quería que hiciera.

Hoy miro atrás y me doy cuenta que era una persona muy egoísta, que solo pensaba en mí. El Señor me hizo entender que mi papá era un hombre, que también había sufrido mucho y que igual a mí, el nunca recibió cariño, y que trabajó muy duro para salir adelante. En otras palabras, mi padre no podía dar lo que nunca había recibido. Yo reconocí mi condición delante de Dios, y delante de mi padre y le pedí perdón a Dios por tanto egoísmo, dolor, y resentimientos que por años había guardado en mi corazón, y que no me dejaban ver más allá de mi nariz.

Ahora mi papá y yo somos muy buenos amigos. Hablamos frecuentemente, y nos queremos mucho. Siempre le recuerdo que lo quiero mucho, y él también me dice: "Tu sabes que yo también TE QUIERO MUCHO".

Mientras no le había entregado esa carga al Señor, el enemigo usaba mi mente como un títere, ministrándome pensamientos negativos. Mentalmente le tenía puertas abiertas al enemigo, creo que la puerta más grande que estaba abierta para él era la puerta llamada: "Falta de perdón." Pero después de pedirle perdón al Señor, perdón a mi papá, y algo muy importante perdonarme a mí misma, esas puertas fueron cerradas; y el enemigo no tiene ningún acceso a ella. ¡A Dios sea toda gloria!

Después de entregarle esas áreas de mi vida al Señor, sentí que había subido un escalón tanto en lo Espiritual como en lo personal.

El Señor me mandó a retirarme con Él en 40 noches de cilicio, porque iba a permitir una prueba en mi vida. Y que de esa prueba dependería el comienzo del ministerio en su plenitud.

Yo obedecí al Señor, y empecé los 40 días de cilicio, pero me preguntaba a mí misma todos los días: ¿cuál será esa prueba tan grande que Dios va a permitir en mi vida? Pasado los 40 días de cilicio, la prueba llegó. La prueba fue larga y dolorosa. Créanme que no se la deseo a nadie aunque sea enviada por el mismo Señor. Me sentí en el horno de fuego, y sentí la llama arder en mí. Sabía que el Señor estaba conmigo pero no sentía su presencia por ningún lado, tenía que creer por fe que Él no me había dejado.

Conocí lo que era la desesperación en carne viva, sentía que todo lo que estaba vivo en mí se estaba muriendo. Un día le dije al Señor que cada día quería morir al yo para que Él se formara en mí. ¡Pero creo que en realidad no sabía lo que estaba pidiendo! Una cosa es pedirlo de boca o de corazón, pero otra cosa muy distinta es verse frente a la realidad.

En la prueba que estaba pasando, recuerdo un día muy especial en que sentí que mi alma se había roto en miles de pedacitos, y no había nadie que pudiera darme una palabra de consuelo, pero llegó un pastor con un mensaje de parte Dios, y el mensaje no fue muy alentador para mí. Así decía el mensaje: "Así dice el Señor: hasta ahora te había permitido pelear con los demonios, pero ya tu guerra no serán directamente con ellos, porque ellos no han podido contigo; ellos no te ven a ti, sino a mí en ti. Tú te sientes así porque ahora tu guerra es directamente con los principados y con el mismo satanás. Pero no temas, porque tampoco te verán a ti, sino a mí en ti."

El pastor oró por mí y se fue. La prueba arreció tan fuerte como un viento recio, hasta el punto que un día le grite al Señor con toda mi alma y todo mi corazón, y le dije: "Ya basta Señor, quítame la vida. Porque si así es que tú me amas, yo no quiero tu amor." Como dije antes, una cosa es ser llamado y otra muy distinta es ser escogido. El que es llamado puede hacer lo que quiera, pero el que es escogido no se gobierna, no puede hacer las cosas cuando quiera ni como quiera.

Por ejemplo hay personas que tienen ministerios y le sirven al Señor con amor, pero de repente cuando surge algún problema o tienen alguna prueba, y sienten que no soportan más deciden fácilmente huir del problema, y dejarlo todo. Si es un pastor con un llamado, pero no sabe cómo lidiar con sus ovejas, la solución más fácil es entregar el cargo, pero cuando una persona es escogida por Dios no importa las veces que diga que va a entregar el pastorado, no importa que diga que no va a predicar más, no importa que diga que va a entregar el cargo, esa persona puede decir lo que quiera, pero la última palabra la tiene el Señor, y no lo dejará, tranquilo hasta que usted no haga lo que tiene que hacer, que es la voluntad de Dios. De lo contrario todas las cosas que usted haga sin Dios, él se lo va a derrumbar.

La prueba que el Señor me permitió pasar continúo por algunos días más. Y al finalizar me sentía muerta en vida, no tenía deseo de nada, ni siquiera de comer. Realmente sentía que la Sandy que un día existió se había muerto y dentro de mí no creía que le había pasado la prueba al Señor, porque fue mucho lo que lloré y también fueron muchas mis quejas.

Dentro de misma me decía: "Te quemaste." Me puse de malcriada con el Señor, y le dije: si no me llevas, me dejare morir y no comeré.

Tenía cinco días sin comer y no precisamente por estar ayunando, es que sentía que vivir o no vivir me daba igual. No me juzguen mal por esa actitud. Aunque la Biblia dice que no nos ha sobrevenido ninguna prueba que no sea humana, yo sentía que la mía había pasado de límite.

A los cincos días de estar sin comer me encontraba muy débil, de verdad sentía que nada me importaba. Una tarde me paré de la cama y muy débilmente traté de llegar hasta la sala de la casa, y de repente sentí la presencia de alguien que se paró detrás de mí y me dijo: ¡Come, hazlo por Jesús! Era un ángel, y al instante que él me hablo, me sentí fortalecida, ¡me sentía viva! Mire rápidamente detrás de mí, pero él había desaparecido.

Después de algunos días el Señor me envió un mensaje con un profeta. Yo no la conocía ni ella me conocía a mí, pero me dijo: "así te dice el Señor: "Fuiste probada, y pasaste la prueba. La prueba que te permití pasar, muy pocos la han pasado, probé tu corazón, y de verdad me amas, y estoy complacido contigo, me dijiste que si así era que yo te amaba, mejor no querías mi amor, yo te amo, con amor eterno te he amado; por lo tanto te he prolongado mi misericordia. Yo tengo misericordia de quién quiero tener misericordia." Yo no podía creer que había pasado la prueba, y que ese era el concepto que el Señor tenia de mí. Amados míos el concepto que Dios tiene de ti, no es el mismo que tú tienes de ti mismo, tampoco es el mismo concepto que los hombres tienen de ti. Creé solamente en lo que Dios piensa y dice de ti, aunque tú sientas lo contrario o te digan lo contrario. Él nos dice en su palabra: « por qué yo se los pensamientos que tengo acerca de vosotros, dice Jehová, pensamiento de paz, y no de mal, para daros el fin que esperáis ». Jeremías 29:11

Yo sé que muchos desean saber cuál fue esa prueba tan fuerte que el Señor me permitió pasar. Me hubiera gustado compartirla con todos ustedes, pero el Señor no me dio permiso de testificarla por ahora. Hay algunas personas muy cercanas a mí, que si saben cuál fue esa prueba, y solo me dicen: "la verdad es que hay que ser muy valiente, y amar demasiado a Dios para pasar esa prueba, porque yo en tu lugar le hubiera dicho al Señor, ¡NO¡

Pero mis amados cuando realmente amamos a alguien somos capaz de hacer cualquier sacrificio por esa persona, ¡cuanto más deberíamos obedecer al Señor, si de verdad decimos que le amamos!

Yo pensaba que no iba a soportar la prueba, pero el Señor que la permitió era porque Él sabía que si podía soportarla. La Biblia nos dice, <que no os ha sobrevenido ninguna tentación que no sea humana; pero fiel es Dios que no os dejara ser tentados más de lo que podéis resistirle, sino que dará también juntamente con la tentación la salida, para que podáis soportar> Corintios.10-13 .

En cada prueba Dios te está haciendo fuerte, a veces cuando las pruebas vienen a nuestra vida y nos sentimos desmayar, y sin fuerzas humanas para continuar, pero es en esos momentos vulnerables de nuestra vida, es donde verdaderamente Dios está trabajando en nosotros. A través de las pruebas es que nuestra capacidad es probada, ahí es que se sabe cuánto hemos avanzado, cuanto hemos madurado, y si realmente estamos preparados para subir el próximo peldaño.

Recuerdo que un día me había retirado con el Señor en ayuno y oración por siete días. Cuando iba por el quinto día, yo me sentía súper espiritual, sentía que casi podía volar por los aires, me sentía mucho más Espiritual que todo lo que me rodeaban, en otras palabras, me sentía la cuarta persona de la Trinidad, cuando realmente solo existen tres. Yo quería que sonaran las trompetas en ese momento porque estaba segura que si sonaban las trompetas ¡me iba con el Señor! Yo tenía un problema, y es que no soportaba que hablaran mal de mí, o que dijeran que yo había dicho algo que no era verdad, pues resulta que al quinto día del ayuno en el cual me sentía tan súper espiritual me llamó una hermana de la iglesia, y me dijo que habían unos comentarios de que yo había dicho algo, lo cual no era cierto. Cuando la hermana me dijo eso, yo no sé a dónde quedo mi espiritualidad, me olvidé que tenía cinco día de ayuno y oración, y dije hasta lo que no tenía que decir."

Después el Espíritu Santo me confrontó y me dijo: ¿Y tú, no eras la que te sentía más espiritual que todo mundo? ¿Y la que quería que sonaran las trompeta? y mira ¡cómo ha reaccionado por un simple comentario!. Realmente no sabemos quiénes somos hasta que no somos probados. Y muchas veces el Señor usará a las personas que nos rodean como canal para probarnos. En mi interior yo creía que después de esos siete días de ayuno la gente podía decir de mi lo que quisieran, y no me iba a molestar. Pero el Señor me demostró lo contrario a través de la hermana que me llamó por teléfono.

Para el ministerio que el Señor quería poner en mis manos, tenía que estar preparada para escuchar toda clase de comentarios buenos y malos. Y para eso era necesario pasarme por diversas pruebas hasta que pasara ese examen.

Al principio no fue fácil, me costó muchas lágrimas, pero hoy, estoy preparada para escuchar cualquier cosa que digan de mi sea buena o mala.

Muchas personas me han pedido, oración porque están pasando por una fuerte prueba con algún familiar o alguien cercano a ellos; y desean que Dios cambie o le quite a esa persona de su lado. Pero amados hermanos permítame decirle, que esa persona que usted quiere que Dios cambie o le quite de su lado, es la que posiblemente Él está usando como canal para cambiarlo a usted. Y así seguir perfeccionando la perfecta obra que empezó en su vida

Campaña Evangelística en Ecuador

Capítulo XV

Después de haber pasado la prueba de fuego, el Señor me envío a predicar a la República del Ecuador. Yo estaba en espera de recibir la cita para ir a recoger el examen de la ciudadanía. Mi mayor preocupación era que no estaba segura de pasar el examen porque casi no hablaba inglés. Estudie el libro, y le dije al Señor que se encargara de las demás cosas. Cuando estaba en la oficina del inspector de inmigración, ella me dijo que levantara el brazo derecho, y que jurara decir la verdad.

Yo estaba tan nerviosa que no entendí lo que me dijo, pero al mismo instante sentí que alguien me levanto el brazo, y de mi boca salió decir ¡yes!

Yo estudié todas las preguntas, pero solo me pude aprender (para no decir embotellar) doce de las respuestas, y por cierto eran la más difíciles. La inspectora me hizo doce preguntas, las mismas que me había aprendido. Pase el examen 100%. ¡Claro! los méritos no eran míos, sino del Señor Jesucristo, solo él lo hizo posible. Antes de ir a la cita para recibir el certificado de ciudadanía me enviaron una carta diciéndome que tenía que presentar un papel de cuando empecé a trabajar en el año 1992, o de lo contrario no iba a tener mi certificado de ciudadanía hasta que le hiciera llegar ese papel. Estábamos en el 2001, lo que ellos me estaban pidiendo era imposible de conseguir.

Yo no sabía qué hacer y me puse a llorar delante del Señor. El Señor me preguntó que por qué lloraba, si ¡Él me había dado la ciudadanía! El problema era que satanás me la quería quitar porque detrás de esa ciudadanía había grandes bendiciones. Cuando el Señor por el espíritu me hizo entender eso, yo le dije al diablo en voz alta: "oídme bien satanás, en el nombre de Jesús te ordeno que no toques mi ciudadanía, porque el Señor me la dio. Suéltala y te doy tres días para que lo hagas, y si no lo haces, proclamaré ayuno, y oración. Y tú sabes que no te conviene que me meta en ayuno con el Señor". A los tres días recibí una carta que podía ir a la cita para recibir mi certificado de ciudadanía. ¡Gloria a Dios!

El Señor me proveyó todo lo que necesitaba para ir a Ecuador y me fui con una hermana de la iglesia que es ecuatoriana, y durante los días de campañas ella me dio albergue en su casa. Fueron 21 días de campañas donde pelee una guerra con el mismo diablo, (el Señor lo reprenda), pero el Señor me dio una victoria grande. Durante los 21 días que estuve predicando en diferentes iglesias y al aire libre hubo una linda cosechas de almas para Cristo. Lesbianas y homosexuales también vinieron a los pies del Señor. Los enfermos fueron sanados. Recuerdo a una niña que había nacida sorda y muda. El Señor le devolvió el tímpano del oído, y también el habla. La madre de la niña acepto al Señor por causa del milagro.

Recuerdo que una tarde sentí la inquietud de ir a un salón de belleza para lavarme la cabeza. Allá en Ecuador las mayorías de los estilistas que trabajan en los salones de belleza o gabinete son homosexuales. Fui a un salón de belleza al cual había ido antes, pero cuando iba en el camino el Señor me dirigió a ir a otro salón de belleza. Cuando mire desde afuera vi que habían como cinco homosexuales, y antes de entrar le dije al satanás: « En nombre de Jesús, escúchame bien lo que te voy a decir, voy a entrar a este salón de belleza, y ¡pobre de algún demonio que se atreva a tocarme! Mira, la sangre de Cristo como fluye en mí, y el demonio que atreva a tocarme se va morir ahogado en ella. ¡Así que ahora entro a este lugar en el nombre de Jesús! »

Me quede sola con el dueño del lugar. El me miró y me preguntó: ¿tú eres cristiana verdad? le contesté que sí. El joven cambio la música que había en el radio y puso alabanza cristiana. Él me dijo que era un descarriado y que su familia también era cristiana, pero que se habían descarriado. Me dijo que orara por su hermana porque ella había sido una fiel cristiana, y que duro muchos años orando por él, y por el esposo de ella que no conocía al Señor, pero que después que Dios lo salvó, él no se explica por qué su hermana se apartó del Señor.

El Señor también le ministró a ese joven que había sido víctima del homosexualismo, y él se reconcilio con el Señor llorando. La noche de la campaña me quede sorprendida porque vi al joven llegar con todas su familia, estaba su mamá, su hermana, el esposo de su hermana y varios vecinos y esa noche todos se reconciliaron con el Señor. ¡Gloria a nuestro Dios!

Tenemos que ser súper atrevidos y súper valientes en el Señor y dejarnos guiar por Él. Si yo hubiera sido una persona religiosa no hubiera ido a ese lugar, o tal vez habría dicho: ¡yo a esos lugares no voy, reprendo al diablo, Señor si tú quieres envía a otro, pero a mí no! Si no hubiera obedecido, esas ocho vidas no hubieran venido a los pies del Señor, y sé que el Señor me iba a demandar por eso.

Ante de continuar con el testimonio de la campaña en Ecuador quiero decirle que muchas veces el Señor nos mandará hacer cosas que parecerán locuras ante nuestros ojos y ante los ojos de los demás. Una noche en una campaña, el Señor me dijo a través de su siervo el evangelista Raphael Campusano que iba hacer cosas conmigo que parecerían locuras.

Yo me quede pensando en esas palabras, y decía dentro de mí: ¿Qué cosa podrá el Señor hacer conmigo que parecerán locuras? No paso muchos días cuando fui a la casa de mi hermana Isaile a visitarle, y ella me dijo que había comprado tres bombas de cucarachas, y que le hiciera el favor de que cuando saliera del apartamento le pusiera una bomba en la cocina, otra en el baño y la otra en la sala. Yo pensé que tenía que rociar el líquido por toda la casa, pero lo único que había que hacer era quitarle la tapa y dejar que el líquido poco a poco saliera por sí solo. Cuando trate de rociar el spray, la apertura estaba frente a mí y me cayó un poco del líquido en mi cara.

Yo no le di importancia, pero en esa misma semana me estaba sintiendo mal de salud y decidí ir al médico. Yo soy de las personas que creo que el Señor sana 100%. Y si me siento quebrantada de salud, oro, y también pido la oración, pero si no me sano, voy al Doctor. Nunca olvido lo que le paso a un evangelista el cual conozco personalmente. Su esposa le había dado un hijo, pero ella tenía muchos problemas de salud. El doctor le dijo a ellos que se cuidaran de no tener más hijos, porque si quedaba embarazada iba a morir ella o la criatura, y que él no se hacía responsable. El evangelista no le importó lo que le dijo el doctor, y la mujer quedó embarazada otra vez. Dios podía sanarla, pero lamentablemente murió al dar a luz, la consecuencia fue quedarse solo con dos niños pequeños simplemente por no obedecer. Es cierto que la ciencia médica se equivoca muchas veces, pero también es cierto que Dios se sabe glorificar por medio de ella. Y hay muchos doctores cristianos y aun no cristianos que son muy temerosos de Dios.

Cuando yo estaba en el hospital la doctora me examinó, y no me encontró nada. Yo le dije que tal vez me sentía así porque debió hacerme daño un veneno de cucaracha que me cayó encima. La doctora no hablaba mucho Español, ni yo hablaba mucho inglés, y entendió que yo me había echado un veneno de cucaracha, y me mandó a psiquiatra. Además mis record psiquiátrico aparecían en cualquier hospital que fuera.

Cuando llegué a psiquiatra comencé a llorar y pensé que de verdad me iba a volver loca en ese lugar, además me preocupaba lo que iban a pensar los hermanos de la iglesia cuando se enteraran que yo estaba en psiquiatría, porque en esa misma semana había predicado un mensaje en la iglesia y el Señor se había glorificado de una manera especial.

Mientras lloraba, se acercó una joven que estaba embarazada y me dijo que no llorara porque yo era muy bonita y que el Señor me amaba, pero sus palabras no me consolaron mucho. Aquella joven estaba en aquel lugar porque había intentado matarse con la pistola de su esposo. Era una joven muy bonita, tenía como cinco meses de embarazo, su esposo la amaba, su familia la amaba, ella tenía un buen trabajo, aparentemente no había necesidad de estar en ese lugar, pero ella oía voces que le decían que se matara.

Yo le dije que era cristiana y que por un mal entendido estaba en el hospital, yo había olvidado que el Señor me dijo que iba hacer cosas conmigo que parecerían locuras, y que esa era una de ellas. Yo no sentía ánimo de nada, pero la joven iba todos los días, tres veces al día a decirme que oráramos juntas; fue entonces que entendí que el Señor me había llevado allí con un propósito. Comencé a predicar y las almas empezaron aceptar a Cristo. Mientras tanto, muchos de los hermanos de afuera me estaban criticando, ya que no se explicaban el por qué yo estaba en siquiatría.

Duré dos semanas en el hospital, y ocho almas aceptaron al Señor, entre ellos la joven que había intentado suicidarse. El Señor me permitió tener una doctora que parecía un ángel; me dejaba ir a la iglesia con la condición de volver al hospital. Después del Señor salvar a esa vidas me dejo salir del hospital. Y cuando testifique las cosas que el Señor hizo, entonces, los que hablaban de mí, glorificaron al Señor, y decían que sentían que con un propósito me había llevado el Señor al hospital. (Lo raro es que todo el mundo en la iglesia tuvo ese sentir después que testifique lo que había pasado)

El Señor me reveló que me llevó a psiquiatría para salvar a esas vidas que estaban ahí, porque ellos están oprimidos por el diablo y son víctimas de maldiciones familiares, y que Él quiere libertarlos de toda opresión. Porque la mayoría de ellos necesitan liberación, y aunque están olvidados por sus seres queridos, Dios no se ha olvidado de ellos. Y se necesitan hombres y mujeres valientes, que estén dispuesto a decirle al Señor: "Envíame a mí que yo iré".

Continuando con la campaña de Ecuador, al principio de la campaña me sentía asustada como un pajarito, porque aunque había predicado en algunas Iglesias en New York y en la Republica Dominicana, nunca había predicado por tantos días , y menos al aire libre en un país desconocido, y con una cultura muy distinta a la mía. Yo le decía al Señor: "Señor acuérdate que nunca he ido a un instituto Bíblico, ¿cómo se te ocurre mandarme tan lejos a dar una campaña? Pero lo más importante era que aunque no había ido a un instituto bíblico, constantemente buscaba el rostro del Señor en ayuno y oración; y habían noches que amanecía gimiendo en el espíritu, y cuando abría mis ojos ya era casi de día. Y a la hora de ministrar, el poder Dios tomaba el control de todo.

A las Iglesias que fui a predicar, casi no pude predicar, porque el Espíritu Santo tomaba el control y por más que trataba de predicar, no podía. La gente lloraba, los demonios se manifestaban, y las almas aceptaban a Cristo. Fue una experiencia maravillosa en el Señor. Muchas jóvenes lesbianas aceptaron al Señor. El Señor me mostró que tenía que ir a la casa de una joven, y ungirla de la cabeza a los pies, y también orar en su hogar. Las mayorías de esta jóvenes lesbianas no pasaban de tener más de 20 años de edad, eran niñas atada por el enemigo.

Cuando fui al hogar de la joven, ella me dijo que de noche los demonios la visitaban, y se transformaban en diferentes animales, y que tenían relaciones sexuales con ella, y que ella aun podía sentir sus manos cuando la tocaban. Estos demonios la querían volver loca, y le repetían una y otra vez, que ella le pertenecía a ellos. Yo le dije que creía en todo lo que ella me decía, porque sabía que todo eso era real.

Más adelante estaré hablando de como los demonios, (el Señor lo reprenda), pueden tener relaciones sexuales con una persona, y aun muchos matrimonios se están destruyendo por causa de ese problema.

La joven me había dicho que tenía un muñeco que de noche le hablaba y caminaba, o sea, los demonios lo poseían, y querían volverla loca. Conocí a su Mamá, que era una señora cristiana. Ella no conocía mucho de la guerra Espiritual, y estaba muy enferma, y el padre de la joven se había descarriado.

Empecé a orar, e inesperadamente entró en el hogar, una luz tan fuerte como el sol en su fulgor. Cuando esa luz entró, los demonios que aún estaban en la joven, la lanzaron con fuerza y furia hacia arriba, chocándola casi con el techo de la casa, y dejándola caer en el suelo. Se manifestaron varios demonios, y me gritaban a través de ella: ¿a qué has venido? te conocemos, pero no podemos contigo, porque lo que está en ti, es más fuerte que nosotros." Les ordené que se callaran y dejaran ese cuerpo libre, me gritaron que se iban, porque no soportaban el resplandor del personaje que estaba conmigo. Yo en realidad vi el resplandor, todos lo vieron, pero no vi a ningún personaje, en cambio los demonios si lo veían.

Después que la joven quedó libre me puse a ungir su hogar, y cuando fui a su habitación, todos los pelos de mi cuerpo y de mi cabeza se engrifaron. Allí había algo escalofriante {no me regresé, porque toda la familia estaba detrás de mí, y no había espacio para hacerlo} ¡estoy bromeando! – en la habitación de la joven, lo primero que vi fue al famoso muñeco del cual ella me había hablado. Créanme que el muñeco llamado (chuki) era menos escalofriante que él.

El demonio en el muñeco se quedó mirándome, y yo también lo miré, y me le acerqué, y le puse la mano para reprenderlo, y al ponerle la mano, el demonio en el muñeco gritó, y se quejó de una manera escalofriante. Empecé a reprender, y todos los muñecos que ella tenía, los tome y los bote. Ustedes pensaran que tal vez el muñeco era de batería y al tocarlo grito. No, ese muñeco no tenía nada de eso. El papá de la joven al ver y oír lo que sucedió se reconcilio con el Señor, a la madre de la joven el Señor la sanó, y ellos estaban testificando de las cosas que había sucedido en su hogar. ¡Gloria a Dios por la victoria!

Hay algunas personas que dicen amar a Dios, pero lo único que no quisieran es que el Señor lo envíe a predicarle a una lesbiana, o a un homosexual por temor a que la gente lo pueda mal interpretar. Pero pienso que cuando de verdad se ama a Dios y se aman las almas, no importa a donde quién Dios te envíe. Y lo que menos debe importarnos es el que dirán, siempre y cuando hablen de nosotros mintiendo.

En una de la última noche de campaña al aire libre, cuando llegué al lugar vi un grupo de personas que estaban alrededor de alguien. Pensé que quizá alguien se había desmayado, y cuando me acerqué para ver que sucedía, me dijeron que un joven se había dado una sobredosis de droga, pero que no le hiciera caso porque él estaba acostumbrado hacerlo, y que también era un alcohólico empedernido. El joven estaba en el suelo botando espumas por la boca y se encontraba inconsciente.

Mi corazón sintió mucho dolor a ver la condición de ese joven. Yo no podía hacer nada, pero sabía que mi Cristo si podía resolver ese problema. así que me senté en el suelo y traté de levantarle la cabeza, y ponerla encima de mí, entonces le ordené al demonio de droga y de alcohol que dejaran ese cuerpo libre inmediatamente en el nombre de Jesús, y al joven le decía, reacciona en el nombre de Jesús, lucha por tu vida, que el Señor te ama. Aquel joven comenzó a reaccionar, pero no podía hablar; entonces les ordené a los demonios que soltaran su garganta, el joven poco a poco fue repitiendo lo que yo le decía. Cuando volvió en sí, lo senté en una silla, y ahí el escucho la palabra de Dios. ¡Al hacer el llamado, él fue el primero que pasó aceptar al Señor! Gloria a Dios.

Cuando doy el testimonio en las campañas, solo testifico desde el comienzo del testimonio hasta el día en que el Señor me libertó, porque el testimonio es muy largo. Pero casi nadie sabe lo que pasó después de la última liberación, y es por eso que en este libro le testifico las cosas que sucedieron después. Muchos me critican, por que al principio del testimonio, oyen todas las veces que caía, pero todo era plan del Señor, para que pudiera conocer mucho más del mundo Espiritual. En aquel tiempo caí mucho, pero después de la liberación definitiva que el Señor hizo conmigo, no podía, ni puedo darme ese lujo.

Antes de cumplir un año de haber ido a Ecuador. El Señor me envío otra vez a ese hermoso país. El Señor tocó el corazón de los hermanos de la iglesia Monte Sinaí en Long Island para que me ayudaran, y me bendijeran económicamente en ese viaje misionero. Yo nunca pedí nada, realmente no se vender ni pedir; y como el Señor sabe eso, Él les pone el sentir a las personas para que me bendigan.

El Señor me mostró que allá en Ecuador tenía que ir a la iglesia de un pastor, pero no me dijo a qué me mandaba a esa iglesia. Cuando llegué a Ecuador, me dieron una bienvenida muy acogedora. Me quedé en la casa de una familia pastoral, estas personas me adoptaron como una hija. El pastor Jorge Vicente preparó la agenda de las campañas, y fue de gran bendición. Estuve predicando por dos semanas y muchas almas vinieron a los pies del Señor.

Fui al lugar que el Señor me mostró que debía ir. Prediqué y ministré, al terminar de predicar llevaron a un niño que se estaba muriendo. Los doctores se lo acababan de entregar a sus padres, para que se muriera en la casa. Los padres del niño en vez de llevárselo a la casa, fueron a la iglesia buscando un milagro. Ellos eran testigos de Jehová, y no creían en milagros, pero en su desesperación, el Señor permitió que creyeran. El niño tenía un tumor maligno en la cabeza. Para mí era imposible hacer algo, pero sabía que al Dios que le sirvo, es experto en hacer de lo imposible las cosas posibles. ¡A Él sea toda gloria!

Oramos por el niño y el Señor se glorificó de una manera especial devolviéndole la salud al pequeño. Los padres se convirtieron al Señor. ¡Ahora no son testigos de Jehová, sino testigos del Cristo de la gloria! Al final del culto, el pastor testificó que él se sentía preocupado porque esa misma noche tenia a un predicador invitado desde Perú, y que a la misma vez, sabía que yo iba para allá, y no sabía a quién le iba a dar el mensaje, si al predicador del Perú o a mí; pero que el oró, y le dijo al Señor: "Padre si es tu voluntad que tu sierva predique aquí, entonces haz que el predicador del Perú me llame, diciéndome que no puede venir." Dice el pastor que no había terminado de orar cuando sonó el teléfono, y era el predicador del Perú para decirle que no podía ir". Gloria a Dios, porque cuando Él envía, respalda a sus siervos.

Después de predicar en ese lugar, estuve predicando en Guayaquil. En la campaña recibí una sorpresa muy agradable.

Cuando casi me iban a entregar para predicar, se acercó un señor a saludarme con un joven de algunos 21 años de edad; el hombre me preguntó, que si no me acordaba de ese joven, y le contesté, que no sabía quién era el. Él me dijo, ese es mi hijo, y es el joven por el cual usted oró el año pasado en la campaña que lo encontró en el suelo con una sobredosis de droga, y usted se postró al suelo juntamente con él, y oró por él".

Yo no podía creer que ese joven tan elegante era el mismo que había conocido en esa condición tan deplorable. Él me dio un abrazo, y me dijo que estaba muy agradecido de Dios y de mí, por todo lo que el Señor había hecho en su vida; y que el Señor lo tenía predicando su palabra. Yo lo abracé y lloré de alegría al ver el milagro que Dios hizo en esa vida.

Yo sé que hay muchas personas que se encuentran en la misma condición que estaba ese joven, pero no todo está perdido para ustedes. El Señor Jesucristo puede cambiar su vida si usted se lo permite. Aunque ustedes se sientan atado por el enemigo, el Señor Jesús puede libertarlo. La Biblia dice, <que si el hijo os libertare, seréis verdaderamente libres>. Juan 8:36)

Dios obra por senderos misteriosos, y trata con cada ser humano muy diferente. El Señor puede liberarte instantáneamente, pero también puede permitir que usted pase un largo periodo en un lugar de desintoxicación, donde a la misma vez pueda aprender de su palabra.

Muchas veces el Señor nos permite pasar por situaciones difícil para que cuando nos toque ayudar a otras personas que se encuentran en la misma condición que nosotros estábamos, podamos compadecernos de ellas con amor, paciencia y misericordia.

Le daré un ejemplo, un día como a las 6: AM me llamó una joven madre muy desesperada. Me pidió que fuera de emergencia a su casa, porque los demonios querían matarla, y él quería que algo le dijera, que me llamara a mí, que yo podía ayudarla y entenderla.

Traté de llegar lo más pronto posible, y la encontré acostada con unas ojeras terribles, y con moretones en el cuerpo recibido por los demonios. Al verla así en esa condición, fue como ver una foto de mi misma cuando los demonios me tenían atada. Ella me decía desesperada, que se quería morir, porque ya no soportaba más, me decía que ella oraba, leía la Biblia, pero que los ataques continuaban. Muchos hermanos habían orado por ella, pero se cansaron de visitarla, y de orar por ella, porque simplemente decían que ella no quería ser libre.

Realmente es muy fácil juzgar desde afuera, y mucho más cuando usted no ha vivido la experiencia. Yo le dije a la joven que sabía que ella quería ser libre, porque conocía las luchas por las cuales ella estaba pasando. Y que no le pida a Dios que se la llevara, porque él no lo iba hacer. Y que sabía que Dios la estaba preparando para que conociera mucho más del mundo Espiritual, porque grande es el ministerio que Él tiene con ella. También le dije que podía estar pasando dos cosas, y es que tal vez el Señor no ha terminado las cosas, que Él se ha propuesto hacer con ella, y por lo tanto debía conocer más de lo que Él quiere enseñarle en el mundo Espiritual. Y la segunda cosa que podía estar pasando es que ella le tuviera alguna puerta abierta a los demonios para que ellos hagan con ella y en su hogar lo que desean.

Porque a menos que el Señor tenga los propósito de mostrarle a una persona de cómo operan los demonios y lo que son capaz de hacer, ellos no pueden tocar ni poseer a un cristiano lavado con la Sangre de Cristo, y si lo hacen, algo tiene ese cristiano que le pertenece a ellos. Por ejemplo, después que el Señor me mostró, y me permitió vivir en carne propia algunas de las cosas que son capaz de hacer los demonios, ellos no pudieron poseer mi cuerpo nunca más, y aunque muchas veces intentaron tocarme, no le fue permitido, porque tuve la autoridad de reprenderlo. Pero recuerde que me deshice de todas las cosas que me unían a ellos.

Usted no puede evitar que el enemigo y sus demonios le ataquen o le visiten, pero si puede evitar que ellos hagan con usted lo que le dé su gana; es como un refrán que dice: "usted no puede evitar que los pájaros vuelen sobre su cabeza, pero si puede evitar que hagan nido sobre ella. A veces como cristiano nos quejamos y decimos: (ay, yo no sé por qué el enemigo me ataca tanto, si yo soy un hijo de Dios, mi problema no es con él).

Permítame hacerle una pregunta: ¿Si su problemas no es con el enemigo, entonces con quién es? si no tuviéramos ningún problemas con el enemigo, el Apóstol Pablo en la carta a la iglesia en Éfeso, no le hubiera advertido que se vistieran de toda la armadura de Dios, para que podáis estar firmes contra las asechanzas del diablo. Porque no teníamos luchas contra sangre ni carne, sino contra principados, contra potestades, contra los gobernadores de la tinieblas de este siglo, contra huestes espirituales de maldad en la región celestes. Efesio 6:11-12)

Como la guerra no es contra tu esposo(a), ni con tu familia, ni con los hermanos de la Iglesias, ni con el pastor, ni con el jefe o lo compañero de trabajo, el apóstol Pablo nos aconseja, nos ordena a tomar toda las armaduras de Dios, para que podáis resistir en el día malo, porque los día malos van a llegar, y habiendo acabado todo, estar firmes.

Debemos reconocer que el enemigo va a usar a cualquier persona de los antes mencionados para hacerte la guerra y la vida imposible. Y si tú no tienes la armaduras de Dios puesta, cuando el enemigo use a tu esposo o a tu esposa, la solución más fácil será dejarla(o) y de paso destruir tu hogar. Si el enemigo levanta a un hermano de la iglesia en tu contra o al mismo pastor, la salida más fácil que encontraremos es cambiar de iglesia, y si el problemas es en el trabajo, también vamos a querer cambiar de trabajo, pero donde quiera que estemos, vamos a encontrar problemas y ataques, y para resistir tenemos que estar revestidos de las armaduras espirituales; no podemos quitárnoslas ni para dormir, y solo así resistiremos cuando lleguen eso días malos y habiendo acabado todo estaremos firmes.

Cuando estaba en el hogar de la hermana que me llamó desesperada, yo la dejé que hablara y se desahogara, y en todo momento le hice sentir que entendía por lo que ella estaba pasando, pero a la misma vez, anotaba en un papel todas las puerta que el Señor me revelaba que aún estaban abiertas, y que ella tenía que renunciar. Eran más de 20.

Cuando ella estaba jovencita quedó embarazada. Un día ella acompaño a una amiga a visitar una adivina para que le leyera el futuro, ella no fue a leerse el futuro, pero la bruja insistió en que quería leerle su futuro. La mujer que practicaba la brujería le dijo que ella tenía mellizos en su vientre, y que había un varón, y que Satanás lo quería, que si se lo daba, el, la iba hacer muy rica. La joven aceptó, pero ella no imaginaba que de verdad el enemigo iba a reclamar al bebé. Cuando estaba de parto, estuvo a punto de morir, y ella dice, que vio a un hombre que le dijo que había ido a buscar al niño; lo que paso fue horrible, si yo no supiese de las cosas que son capaz de hacer los demonios, no hubiera creído esa historia, porque las cosas que me dijo eran terribles de escuchar y de creer. Cuando nacieron los niños, la niña estaba viva, pero del varón solo sacaron el cadáver, y estaba en una condición que ni los doctores quisieron mostrárselo.

Satanás no le dio nada de lo que le había prometido a cambio del niño. Pero tengo que aclarar que satanás no puede poseer el alma de un niño. Si un niño muere su alma va a la presencia del Señor. En el infierno no hay niños.

Años después ella practicó la brujería, y el enemigo la hizo hacer cosas horribles. Cuando ella me dijo la historia completa, le dije que aunque ella estaba en Cristo tenía que renunciar a muchas cosas. Ella aceptó y renunció a todas las puertas que el Señor me había mostrado que estaban abiertas. Luego de eso, el Señor me mostró que entrara a una de las habitaciones de la casa, y ¡lo que encontré allí fue terrible! En el closet había una caja llena de DVD con películas diabólicas, habían colecciones completas de Pokemon, CD con música metálicas, y muchas cosas más; en una de la puerta del closet había dibujado un demonio; con el permiso de ella tomé toda esa basura y la eché en funda de basura para botarla, y le dije al Señor, que si habían más cosas que me la mostrara y la sacara a la luz.

Mientras limpiaba la habitación sacando todas las cosas diabólicas, me dieron náuseas y mareo, estuve al punto de desmayar. La opresión era tan fuerte y tan real, que sentí cuando un demonio vino para encima de mí, y me puso unas garras en mi cuello, enseguida me puse a reprender y le ordenaba que quitara su garra de encima de mí. A la misma vez tomaron a la joven, y la tiraron al piso revolcándola como una culebra. Le dije al Señor que necesitaba de su ayuda, y sentí cuando algo tan caliente como un fuego me arropó, y me sentí fortalecida para pelear con esos demonios.

Aunque todavía la hermana en Cristo tenía puertas abiertas en su vida, todas las cosas que sacamos del hogar no eran de ella, sino de un familiar. Ella sabía que no podía tener esas cosas guardadas allá, pero le daba pena con ese familiar, y no quería que esa persona se sintiera mal. Amados hermanos con las cosas que son diabólicas, por más insignificante que usted la vea, no puede tener compasión ni pena con nadie. No permita que nadie lleve a su casa ningún objeto con procedencia diabólica, no importa quién sea ni lo que sea. Y tenga cuidado, porque muchas veces las cosas más insignificantes resultan ser las más peligrosas.

Después que sacamos todas las cosas, y que oré ungiendo el hogar, todo volvió a la normalidad. A ella se le fue la depresión, estaba contenta, y me llamó al día siguiente para decirme que había dormido como un pajarito. ¡Gloria a Dios!

Le advertí que no podía descuidarse, y que eso no significaba que los demonios la dejarían tranquila, pero que no tenga temor, porque ellos no podían hacer nada sin el permiso del Señor. Le regalé un libro de guerra Espiritual, y le aconsejé que no se descuidara en la oración, en el ayuno ni en la lectura de la palabra, y algo muy importante, que no dejara de congregarse. Y le dije que aunque muy poca gente la quiera ayudar, y son muy pocas las personas que la puedan entender, Dios no la iba a desamparar, sino que siempre le proveerá la ayuda de alguien que la entienda, le tenga paciencia y esté dispuesto(a) a ponerse en la brecha por ella cada vez que sea necesario. Ella y yo siempre estábamos en comunicación, y un día me dijo que los demonios volvieron atacarla, diciéndole que ella le pertenecía a ellos, pero ahora todo era diferente, ellos no pudieron tocarla ni poseer su cuerpo como lo hacían antes. Ella se le enfrentó en el nombre de Jesús, y les mostró que ya no le tenía miedo, y le recordó que su dueño absoluto era el Señor Jesucristo.

Algo muy importante que debemos mantener presente, y es que a los demonios no se le puede mostrar temor, aunque de verdad usted se esté muriendo de miedo. Una de la armas más poderosa que usa el enemigo en contra del cristiano es infundirle temor. El temor nos paraliza y nos no permite actuar.

La mayoría de veces que alguien enfrenta una aparición satánica, la persona algunas veces no se puede mover, es como si su cuerpo se paralizara completamente, y su lengua se le pegara al paladar sin poder moverla. Aunque usted sienta que su cuerpo está paralizado por el temor, el enemigo no puede paralizar su mente, y es ahí donde usted tiene que clamar a Dios, para que le dé la fortaleza de reprenderlo en el nombre de Jesús.

Si usted por temor no hace nada y no se involucra en la guerra Espiritual, el enemigo podría tomar ventaja de usted, y seguiría infiltrándole temor. Conozco muchas personas que se han dejado usar como títere del enemigo, simplemente por tenerle temor, y han caído en severas depresiones; de noche tienen miedo de dormir con la luz apagada, y se acostumbran a usar pastillas de dormir para poder descansar.

Personalmente conozco una familia que dejaron su hogar y se fueron a vivir a casa de la madre del hombre, porque los demonios estaban en su casa como los dueños de ese hogar. En la noche las cosa volaban por los aires, los muebles lo levantaban, se oían gritos y ellos veían sombras que se movían en la casa de un lado para otro; se cree que las personas que vivieron en esa casa antes que ellos, tenían alguna relación con el ocultismo.

El hermano en Cristo, cabeza del hogar se acercó a mí, y me dijo que no sabía qué hacer. Yo le conteste: "¿hermano, como es posible que usted siendo un predicador, y músico de la iglesia, que predica del poder de Dios, se fue de su casa y le dejó la casa a los demonios? ¡Eso es vergonzoso! ¿Dónde está la autoridad que el Señor le ha dado? Lo primero que debe hacer es regresar a su casa, y en vez de que los demonios lo saquen a usted y a su familia, sáquelo usted a ellos. Él me dijo que lo iba hacer, y realmente me gustaría volver a ese país para ver si de verdad lo hizo.

tengan miedo a las asechanza del maligno. Usen las armaduras de Dios. Permítanle al Señor hacer cosas grandes a través de ustedes. Solo déjense usar por El. No olviden que las escrituras dicen: « Y esta señales seguirán a los que creen: « En mi nombre echaran fuera demonios; hablaran nuevas lenguas; tomaran en las manos serpientes, y si bebieren cosa mortífera, no les hará daño; sobre los enfermos pondrán sus manos, y sanaran. Marcos 16:17-18.) ¡Esas promesas son para nosotros!

Debemos mantenernos en guardia. El adversario atacará por donde menos usted lo espera. Pero el Señor nos ha dado su palabra y en ella hay poder. Recuerdo que una mañana temprano estando en Ecuador, fue a visitarme una señora para decirme que de noche su hija de 8 años de edad, no podía dormir y que veía sombras que entraban en su habitación. Me pidió que fuera orar a su hogar, especialmente por la habitación de su hija.

Cuando entre a la habitación, todos mis pelos se me engrifaron y la opresión que había era terrible. La habitación de la niña estaba decorada con muchísimos muñecos, y con muchas carátulas de dibujos animados, especialmente con el famoso Pokemon. Oré y el Señor me reveló que le dijera a la madre que si ella quería que esos ataques diabólicos desaparecieran de la vida de su hija, que limpiara la habitación y que quitara todos esos muñecos, los cuales tenían procedencia diabólicas.

Quiero aclarar que yo no soy religiosa, ni ando sacando nada de ningún lugar, a menos que el Señor me diga, y que la persona esté dispuesta a obedecer al Señor. Yo le di el mensaje a la Señora, oré, reprendí y me fui. Yo no pensé que ella iba a obedecer, porque no era cristiana, y además eran muchas cosas las que tenían que botar.

Al día siguiente, ella me mandó a buscar, y me testificó que cuando salí de su casa, ella sacó todos los muñecos, y limpió la habitación, y que esa noche su hija durmió muy bien. ¡A Dios sea la gloria! Muchas veces hay personas inconversas que obedecen más rápido una orden del Señor que muchos cristianos, y lo digo porque he visto muchos casos. No está demás decirle que también esa señora juntamente con su hijita aceptó al Señor.

Yo les aconsejo a los padres que tengan cuidado con las cosas que le compran a sus hijos. Hay muchas cosas que son de procedencia diabólicas, y que antes de salir al mercado son dedicadas a satanás, y es por eso que muchos niños se ponen rebeldes, y a veces reciben ataques, o muchas veces no pueden dormir o les dan pesadillas. Sin darse cuenta, usted puede llevar un anatema a su casa. No se descuide.

Muchas veces las cosas más pequeñas e insignificantes para usted, son las más peligrosas. Cuando usted compre algo, ore y quebrante toda maldición que pueda haber en ese objeto. Y si el Señor le revela que lo saque, o se lo revela a otra persona, obedezca al Señor, y no sea desobediente, ni incrédulo. Después de mi segundo viaje a Ecuador, el Señor me envío por tercera vez, y luego de eso me envío a El Salvador. En el próximo capítulo le estaré hablando de mis dos experiencias, tanto de mi último viaje a Ecuador, como a El Salvador.

Capítulo XV

Campaña Evangelística en El Salvador

Capítulo XVI

El Señor me había prometido muchas cosas entre las cuales llevarme a las naciones a predicar su palabra. al principio que el Señor me ministró a través de su siervo, el pastor y profeta Alberto Navarro, que me llevaría a las naciones, que iría a la radio y la televisión, que escribiría libros, y que me iba permitir codearme entre los grande para que le predique su palabra, yo no lo creí. Esa profecía era demasiado grande para asimilarla en mi cinco sentidos.

Como le dije ante, lo primero que me vino a la mente fue la duda. Pero la Biblia dice, "que el Señor levanta del polvo al pobre, y del muladar exalta al menesteroso, para hacerle sentarse con príncipes y heredar un sitio de honor". (1 Samuel.2:8)

El Señor me permitió ir a dar una campaña a El Salvador, invitada por el Ministerio de Misiones de la Iglesia Monte Sinaí, que pastorea, Bonilla en Long Island. Me fui con dos misioneras, y la presidenta de dicho ministerio. Ellos pagaron todos mis gastos. El Señor me había dicho que me llevaba al Salvador, porque iba hacer algo grande a través de mí.

Yo me sentía contenta al saber que iba a predicar en otro país, y que tenía el respaldo del Señor, pero a la misma vez me sentía triste, porque pensaba que al regresar de Ecuador, el Señor me permitiría ir a la Republica Dominicana a ver a mi familia de parte de mi padre, especialmente a mi abuelo. Mi abuelo era el amor de mi vida, era como la luz de mis ojos. Yo decía que tenía dos grande amores, al Señor, y a mi abuelo. Y siempre le pedía al Señor, que me llevara a mi primero antes que a él.

Yo había llamado a mi abuelo, y le dije que cuando regresara de Ecuador, mi próximo viaje seria ir a verlo en la Republica Dominicana, pero cuando llegué a New York, el Señor me mandó a la Republica de El Salvador. Como ustedes saben, donde manda capitán no manda soldado. Preparé las maletas, y me fui a El Salvador con las hermanas que me habían invitado.

El mismo día que me iba a El Salvador, llamé a mi abuelo desde el aeropuerto para decirle que al regresar de la campaña prometía ir a verle; mientras hablaba con él, lo sentí muy triste, y a la misma vez sentí un nudo en mi garganta, y una tristeza tan grande que no puedo describir. Le dije en mi corazón al Señor, que no sabía por qué me sentía tan triste, pero lo que nunca imaginaba en mi mente, es que esa mañana sería la última vez que hablaría con mi abuelo, mejor dicho mi padre, porque él me había criado desde los dos meses de nacida.

El segundo día de estar en El Salvador, las misioneras y yo, fuimos a visitar a una hermana a su hogar. En aquel país, yo no conocía a nadie, y al llegar a la casa de la hermana, ella salió corriendo y me abrazo hablando en lenguas. El Señor me decía a través de ella, que pase lo que pase, no podía irme del Salvador hasta que no terminara con la misión por el cual él me había llevado allá. El Señor a través de la señora que me ministraba me pasaba la mano en el corazón, y me decía que recibiera de su paz, y de su fortaleza, y que Él tenía todo bajo control. Yo pensaba que el Señor me decía todas esas palabras por causa de la campaña, pero no me imaginaba que estaba a punto de recibir la noticia más terrible de toda mi vida.

Al llegar a la casa en la cual me estaba quedando, llamé a mi mamá para decirle que había llegado bien a El Salvador; ella me dijo, que fuera fuerte, porque tenía que darme una mala noticia, y es que mi abuelo había muerto tres horas después de hablar conmigo por teléfono de un ataque al corazón. Cuando oí la noticia, sentí que mi alma se había partido en millones de pedazos, sentía que el corazón me fallaba, me sentía morir. Nunca había experimentado un dolor tan terrible. Yo no podía entender como él había muerto, si no estaba enfermo, ni tampoco estaba muy viejo, pero tampoco entendía por qué el Señor me envió tan lejos, si sabía que él iba a morir. No entendía por qué no me permitió ir a verlo cuando se lo pedí, y en cambio, me mandó a otros países. No entendía, por qué me mandó a llevar sanidad a otras personas, cuando el ser humano que más yo amaba, necesitaba sanidad.

Yo no entendía nada, pero en esa situación tan dolorosa por primera vez entendí lo que quiso decir el autor del que escribió el libro: "Cuando lo que Dios hace no tiene sentido" autor Dr. James Dobson. En mi desesperación quise viajar de El Salvador a la Republica Dominicana, pero era imposible. No había vuelos. Y en mi mente recordaba las palabras del Señor: "No te puedes ir, pase lo que pase.) En la noche no pude dormir, no podía contener el llanto, pero sabía que podía hablar con el Señor, y recostar mi cabeza sobre sus piernas y echarme llorar a sus pies. Le dije que me dolía mucho el corazón. Le exprese mis frustraciones y derrame mi alma delante de Él. Yo no sentía fuerzas, ni ánimo para predicar. ¿Cómo le iba a dar palabra de aliento y de vida a otra personas? cuando era yo, que necesitaba palabra de aliento y de vida en esos momentos, porque también ¡me sentía morir!

Esa noche me visitó satanás y con burla me dijo: (Te di por donde más te dolía; y Dios no hizo nada para evitarlo) Cuando me dijo así, me paré con coraje, y sin miedo ni temor le contesté: "Dios dio, y Dios quitó, sea su nombre bendito. Tú me diste por donde más me dolía, pero prepárate, porque en el nombre de Jesús, te daré por donde más te duele." Al día siguiente fui a la plaza con una de las hermanas, para comprar algo que ella necesitaba. Cuando nos íbamos de la plaza sentí de predicarle a las personas que estaban ahí, y la gente fue acercándose, y querían que orará por ellos, y por su negocio. Ese día 16 almas aceptaron al Señor. Y le dije al diablo: «Te dije que te daría por donde más te duele.»

Luego en la noche, fui a predicar a una iglesia, allí di mi testimonio y se derramó una unción tan grande que la gente caía al suelo bajo el poder de Dios sin tocarlas. Esa noche habían llevado a un paralítico, y para el poder estar parado tenía que depender de dos muletas. Alguien me dijo que orara por él; cuando le puse las manos a las piernas, me di cuenta que sus piernas estaban desviadas, en seguida, la duda me visitó y me dijo: "Ese hombre no va a caminar, no le quites las muletas, porque se va a caer, y va a caer encima de ti". Yo no sabía qué hacer. Me sentí turbada, no sabía si ordenarle que soltara las muletas, o mejor dejar las cosas así como estaban. Sabía que el Señor podía hacer el milagro, pero por poco me dejo dominar por la duda.

Me acordé cuando satanás me dijo que me había dado por donde más me dolía. Pero también me acordé que en el nombre de Jesús había prometido que también le iba a dar por donde más le dolía, entonces en ese momento mi fe, fue aumentada ; y le oré al paralítico, y le pedí al Señor que lo sanara. Mientras oraba por él, sentía en mis manos como el Señor le estaba enderezando los huesos, y luego le dije: "Suelta las muletas en el nombre de Jesús, y camina.

El hombre empezó a caminar, y después andaba danzando y cantando "Él es el poderoso de Israel." Esa noche fue de bendición. Después en una revelación, el Señor me mostró que fuera a visitar un hogar. Yo no conocía a las personas que vivían en esa casa, pero fui y pedí permiso para entrar. Le hable del Señor y 7 almas vinieron a los pies del Señor. ¡Gloria a Dios! Las personas se acercaban para decirme lo que Dios había hecho en su vida, y otros me testificaban que habían recibido sanidad. El testimonio impacto en el Salvador como en ningún otro lugar. Me invitaron a una emisora cristiana, y a una emisora de radio secular; también fui invitada a predicar a un canal de televisión local. Yo no podía creer que iba a predicar en una televisión, y ahí me acordé de la profecía que el Señor me había dado por medio de su siervo, y que yo por incrédula había dudado.

El Señor me abrió puertas en aquel lugar, y me puso en gracias con los pastores, y con todas las personas que conocía. Conocí personas influyentes, y de buena posición, tal como el Señor me lo había dicho. Realmente la gracia la pone Dios, siempre y cuando andamos en obediencia. En el Salvador, las personas querían saber y aprender más de la guerra Espiritual, era grande el número de personas cristianas que estaban recibiendo ataques diabólicos, y que no sabían que hacer, ni quién acudir para buscar ayuda y la orientación que ellos necesitaban.

En el Salvador me invitaron a predicar en una congregación, y esa noche di el testimonio, mientras predicaba sentía que las palabras rebotaban como una pelota en la mente de las personas. En mi mente le decía al Señor: "Señor, estas personas no están recibiendo el testimonio, ayúdame a terminar rápido." Al final del servicio, hice el llamado para las personas que deseaban aceptar al Señor, o que deseaban la oración, y nadie pasaba. Le dije al Señor, que iba a entregar el micrófono, pero el Señor no me lo permitió, y me mostró que la mayoría de las personas que estaban ahí, estaban descarriados, y que eran personas que habían sido abusadas, y estaban atadas por el enemigo.

El Señor me puso en un gran aprieto, porque las personas que estaban esa noche en la iglesia, todas parecían cristianas. El Señor por el Espíritu, me mostró a las personas que iba a llamar a pasar al altar. Obedecí al Señor, y las misioneras que me acompañaron me ayudaron a ministrar. Esa noche, el Señor rompió cadenas espirituales. Las almas que estaban descarriados se convirtieron. Dios restauró las vidas que se encontraban quebrantadas. A dos jóvenes de la iglesia se les manifestaron los demonios. Una de las jóvenes, era la levita de la iglesia que dirigía y cantaba en el coro de la iglesia, y la otra era hija de un diacono de la iglesia.

La pastora me confesó que la mayoría de las personas que llame al altar estaban descarriadas y habían sido jóvenes violadas y maltratadas. Como algunas personas no creían que las cosas que dije de los demonios eran reales, el Señor permitió que los demonios se manifestaran esa noche a través de una de la misma hermana de la iglesia, la cual tampoco creía en las cosas que yo había testificado. La joven que el Señor liberó, después testificó y dijo que mientras yo estaba testificando, ella no podía creer lo que yo estaba diciendo, y que ella quería salir de la iglesia, porque escuchaba una voz que le decía que saliera, y que cuando intentó pararse no podía levantarse de la silla; cuando pudieron pasarla al frente, ella fue la primera que cayó endemoniada; y que aunque ella iba a la iglesia, cantaba y oraba, estaba atada. Ella testificó que se fue a un retiro de tres días, y fingió que se sentía libre, pero que realmente el Señor la liberó esa noche". Gloria a Dios que el Señor la liberó; pero da pena que algunas personas tengan que pasar por esa experiencia, solamente por no querer creer que esto es real.

En el Salvador, el enemigo estaba furioso conmigo, quería pararme de predicar, y recibí un fuerte ataque con mi salud, me vi muy enferma con diarrea, vomito, fiebre, no podía estar en pie, y me dio una infección en la garganta tan fuerte que aun la lengua la tenía llena de bolitas con pus. El enemigo también atacó a las tres hermanas que me acompañaban a la campaña. La hermana que manejaba el autobús se clavó un cuchillo en una mano, y la herida fue muy profunda. La hermana Ruth Aparicio se fracturó una pierna, y la hermana Gladys, estaba muy enferma de la gripe.

En New York, el Señor le mostró a una hermana miembro de la iglesia a la cual yo pertenecía que oraran fuertemente por mí, porque el enemigo me iba atacar por la salud. Pero aun en la condición que me encontraba, le dije al diablo, que en el nombre de Jesús, yo iba a seguir predicando aunque me muriera encima del altar. El Señor me dio la victoria, y un doctor cristiano, el hermano Salomón Ayala, nos atendía sin cobrarnos un centavo. Yo seguía sufriendo por la muerte de mi abuelo; pero a la hora de predicar, me olvidaba de mi sentimiento y cumplía con hacer la voluntad del Señor.

La última noche de campaña nunca la olvidaré. Cuando me estaba despidiendo de los hermanos, porque ya terminaba la campaña y regresaba a New York, el Señor me dijo: "Todavía no te vas, cambia la fecha del pasaje, porque quiero tratar con el "directo". El directo era uno de los pandilleros más temido de EL Salvador, se le acusaba de 17 asesinatos, violaba a las mujeres, y luego la mataba, era uno de los más buscados, y aun era temido por la policía.

Ese joven era uno de los jefes de las pandilla llamada (La Mara Salva trucha). Cuando el salió de la cárcel, algunas personas se mudaron de lugar, y frecuentemente el andaba con una granada en la mano para explotársela al primero que se metiera con él. Todo su cuerpo estaba tatuado desde la cara hasta los pies. Ver aquel hombre daba pena. El hobby favorito de él, era matar, y ver correr la sangre. Cuando supe de la vida que el hombre tenía, y de quién era él, le dije al Señor: "Señor, ¿y con ese hombre es que tú quieres tratar a través de mí? Pero si quieres tú, llévalo a la campaña el jueves. El último día de campaña fue martes, y yo tenía el vuelo para regresar el jueves a New York, entonces hice el cambio para regresar el sábado, y predicar ese jueves en una iglesia donde el Señor iba a tratar con el "directo". Realmente él tiene otro nombre, pero ese era el apodo que le decían, porque cuando él quería hacer algo, iba directo y lo hacía.

La noche anterior de la campaña, el Señor no me permitió dormir. Pase la noche completa en intercesión por la vida de ese hombre, de mi boca solo salía decir: "satanás te ordeno que no toques a ese hombre, porque mañana él tiene que ir a la campaña". Como a la una de la madrugada, la intercesión era más fuerte, sentía agonía, sentía desesperación, y el sudor corría por todo mi cuerpo, estaba peleando en el espíritu una guerra a muerte por la vida de ese hombre. Le pedí ayuda al Espíritu Santo, porque sentía una carga terrible encima de mis hombros, era como si una legión de demonios se habían levantado en mi contra para impedir la intercesión por la vida de ese hombre.

En mi interior sabía que hasta que no sintiera la paz de que la victoria estaba ganada, no podía parar de interceder. Al amanecer, sentí la paz del Señor, y supe que tenía la victoria. Aunque tuve que amanecer intercediendo, no me importó, el Espíritu Santo me fortaleció, y las horas pasaron tan rápido que ni cuenta me di. Al día siguiente dos horas antes de irme a la campaña, sentí una opresión en mi pecho, como que algo iba a impedir que el "Directo" fuera a la campaña. Me puse a clamar al Señor, y le ordenaba al diablo y a los demonios que no se le ocurriera tocar ese hombre, porque él tenía que ir a esa campaña así sea por encima de la cabeza del mismo diablo, (el Señor lo reprenda).

A la misma vez, le pedía al Espíritu Santo que lo llevara al servicio en el nombre de Jesús. No pare de interceder por el hasta que no sentí la paz del Señor. Me fui a la campaña, y al llegar al lugar, la iglesia estaba llena de gente. La gente estaba interesada en escuchar otra vez el testimonio, y a la misma vez ver que iba a pasar (con el directo). Cuando llegué al lugar le pregunte al hermano Buruca que si el Directo estaba ahí, y me dijo: "Si, está sentado en el último banco." Yo dije: ¡Gloria a Dios!

Antes de predicar, lo llamé por su verdadero nombre, y le dije que el Señor me permitió quedarme dos días más en el Salvador, porque quería tratar con su vida, y que Dios lo amaba; que él había cometido mucho crímenes, violaciones y robo, pero que Dios le había guardado su vida, porque tenía un propósito grande con él; que él no estaba vivo por los trabajos satánicos ni por brujerías, sino porque al Señor le ha placido mantenerlo vivo. El Señor le habló de todas las cosas que él había pasado desde que lo formó en el vientre de su madre, hasta ese momento en que le estaba hablando. Aun mantengo ese video conmigo como prueba de lo que sucedió esa noche.

Dios tocó aquel hombre de una manera terrible. Lloró como un niño, su madre y él se reconciliaron. Yo le ábrase, y lo que sentía en mi brazo era a un hombre indefenso. El rostro de él cambio, su mirada era otra, parecía que había nacido de nuevo. La gente lo abrazaba sin ningún temor. Y el Señor le dijo, que instrumento escogido era él, para llevar su nombre. También le advirtió que volvería a la cárcel, porque le iba a mostrar, ¡Cuanto era necesario padecer por su nombre!

Esa noche le prometí a Gustavo (nombre verdadero) que en mí siempre iba a tener una hermana en Cristo y a una amiga, y hasta ahora se lo he demostrado. Siempre nos manteníamos en comunicación. Él me confesó que la noche anterior de la campaña, él y otro amigo, fueron a cobrar una cuenta que tenía pendiente con alguien, y que cuando iban a matar a esa persona; como por milagro de Dios, esa persona se le escapó de las manos y de su propia vista. Le pregunte qué a que hora de la noche sucedió eso, y me dijo que eran como la una de la madrugada. Entonces entendí por qué el Señor me puso a interceder por él a esa hora de la madrugada. Era para evitar que él cometiera un asesinato más.

También me dijo, que el mismo día de la campaña, el jueves en la tarde como a las 5: PM, la policía hizo un allanamiento en su casa para llevárselo preso, y que cuando ya lo tenían en mano, un abogado fue e intercedió por él, y que a la misma vez, él se le soltó a la policía y se escondió. La policía no pudo encontrarlo; luego que la policía se fue, él se fue a la campaña. Yo glorifiqué al Señor al escuchar el testimonio; porque también entendí, el por qué el Señor me puso a interceder por su vida una hora antes de irme a la campaña. Era que el enemigo quería impedir que el fuera a la campaña, pero la intercesión pudo más que los planes que tenía el diablo, (el Señor lo reprenda).

El joven dejó la pandilla, y oré al Señor para que le proveyera un trabajo. A los pocos meses me llamó para decirme que estaba trabajando. Me dijo que su único anhelo es que el Señor lo prepare para predicar su palabra. Tal como el Señor le dijo que volvería a la cárcel, así mismo sucedió. El no cometió ningún delito, pero una persona intentó matarlo, y la policía se los llevó presos a los dos. Creo que es una manera del Señor prevenir que le hagan daño, porque aunque él se había convertido a Jesucristo, aún tenía muchos enemigos. Y todavía hay algunas personas que quieren vengarse de él, por todo lo que él hizo.

La última vez que supe de él, su mamá me dijo que en la cárcel estaba haciendo unos cuadros muy bonitos, y que se lo daba a la mamá para que lo vendiera y así ella pueda ayudarse con los gasto de la casa. Pero lo más importante, era que seguía firme en el Señor. ¡A Dios sea la Gloria!

Al escribir este libro, ya ha pasado un tiempo que no se de mi amigo Gustavo y también he perdido el contacto con su mamá, pero estoy orando mucho por él, y pidiéndole a Dios que me permita volver a verle.

Aunque recibí un golpe muy fuerte por el dolor de la muerte de mi abuelo, también recibí mucho gozo al ver las grandes cosas que el Señor hizo en El Salvador. Allí dejé una familia muy grande en Cristo Jesús. ¡A Él sea toda Gloria! Todavía no he podido ir a la República Dominicana; pero el Señor me ha permitido ir a otros países como: Alemania, Suiza, Francia, Austria, Holanda, Sudafrica, Dubái, Ecuador, Panamá, El Salvador, Estados Unidos, y mi país de origen Republica Dominicana pienso ir pronto. También hay otras invitaciones pendientes de viajar a Chile, Argentina, Cuba, Brasil, y otra vez a el Salvador, pero sigo orando para que todo sea en el tiempo del Señor, y para que el siga proveyéndome económicamente, ya que en muchos de esos lugares hay personas con grandes necesidades que necesitan ser ayudados.

Recuerdo que una noche mientras me encontraba en unas de la campaña en Ecuador tenía 100 dólares, y el Señor me puso en el corazón que lo cambiara en 5 billetes de 20 dólares, y que Él me iba a mostrar a cinco pastores a los cuales le iba a dar 20 dólares a cada uno. Yo obedecí y esa noche entregué el dinero. Al día siguiente, una de las esposas de uno de los pastores me fue a buscar para darme las gracias por los 20 dólares que le regalé a su esposo, porque ese día no tenían nada para comer, y se habían ido a la campaña sin comer nada, y no sabían que iban a comer al día siguiente, pero esos 20 dólares sirvieron para cenar esa noche, y comer al día siguiente. Hermanos cuando el Señor le ponga en su corazón de hacer algo o de darle algo a alguien no dude en hacerlo, obedezca.

Cuando Dios te pide es porque quiere bendecirte, y cuando te bendice es porque quiere que tú des. Al mencionar los países que he ido no lo digo por vanagloriarme, sino para testificarle que el Señor ha cumplido, y sigue cumpliendo la promesa de llevarme a la Naciones. Para mí era algo imposible, pero para nuestro Dios nada es imposible. Todo ha sido posible por la misericordia de Dios, y porque El siempre cumple sus promesas.

Restaurando los Lazos Matrimoniales

Capítulo XVII

La primera institución que existe en la tierra es el Matrimonio. Dios formó y creó al hombre y a la mujer para que vivieran juntos y formaran una familia. Por eso dice en su palabra que dejará el hombre a su padre y a su madre y se unirá a su mujer y los dos serán una sola carne. Génesis 2:24

Lamentablemente cada día vemos como el índice de divorcios va en aumento.

Vemos familias completamente destruidas, hogares rotos y desequilibrados. Pero esa no es la voluntad de Dios. La voluntad del Señor es bendecir tu hogar, tu familia y tu vida. Pero no puedo pasar por alto decirle que así como tenemos y creemos en un Dios maravilloso que solo desea bendecirnos, pues también tenemos un enemigo que su único propósito es destruir.

Tal vez lo que a continuación le contaré, le parezca a usted un poco raro o difícil de aceptar, pero aunque quizás, amigo lector usted no haya pasado por esta situación, le diré que cientos de personas están pasando por esta situación y les da vergüenza hablar del tema.

A la edad de 13 años escuche el testimonio de una ex-bruja convertida al Señor Jesucristo. Ella decía en su testimonio que los demonios poseían su cuerpo, y que también tenían relaciones sexuales con ella. Aunque ella tenía su esposo, no sentía ningún deseo de estar íntimamente con él. Al escuchar su testimonio quede sin palabra, porque no podía creer lo que mis oídos estaban oyendo. No cabía en mi mente pensar que un demonio pudiera tener relaciones sexuales con una persona. Yo sé que hay muchas personas que piensan que eso es imposible. Yo creía que era imposible, hasta que lo viví personalmente, y ahora creo 100% que estas experiencias son reales.

De este tema casi no se habla, es como si fuera un tabú prohibido hablar de él, y son pocas las personas que se atreven hablar de este tema. Lamentablemente mientras muchos pasan este tema por alto o simplemente no lo quieren creer; hay cientos de personas, mejor dicho miles de personas que a diario viven esta experiencia, y aun siervos y siervas del Señor, solteros(a) y casados(a) están recibiendo estos ataques, y no saben qué hacer con esa situación.

Es muy fácil que un demonio pueda tener relaciones con una persona que no conozca del Señor. Pero es imposible que pueda tener relaciones, ni poseer a un cristiano lavado con la sangre de Cristo, lleno del Espíritu Santo, lleno de unción y poder de Dios; y viviendo una vida consagrada según la palabra. Un cristiano con estas características tendrá ataques del enemigo y sus demonios, pero si está revestido con la armadura de Dios, sabrá reprender al enemigo, y a cualquier malicia que quiera tocarle.

El enemigo no respetará si usted es cristiano o no, tampoco respetará si usted es casado o soltero. Su única misión es destruir; y ya ha destruido a muchos matrimonios. Usted se preguntará, si los demonios no pueden tocar ni tener relaciones sexuales con un cristiano, ¿entonces por qué hay cristianos que están pasando por esta experiencia?

La repuesta es muy sencilla. Si un cristiano le abre puerta al diablo o a los demonios, ellos van a entrar, y no le pedirán permiso. Por eso la Biblia dice: "No os le deis lugar al diablo". Efesios 4:27.)

Por ejemplo, si a un cristiano le gustan las películas o las revistas pornográficas, tarde o temprano se sentirá atraído por todo lo que tenga que ver con pornografía. Si esa persona no cambia, terminará atado y adicto(a) a la masturbación, y seguirán cadenas de pecados tales como: la lujuria, la lascivia, pasiones desordenadas, fornicación en el corazón, y fantasías sexuales. Todos esos pecados son puertas que se les abren a los demonios para que ellos hagan con usted lo que se le antoje. Por eso es que la Biblia nos aconseja "que debemos cazar las zorras pequeñas" porque si se dejan crecer se convertirán en grandes fieras que querrán destruirnos.

La biblia dice: Pero yo os digo que todo el que mire a una mujer para codiciarla ya cometió adulterio con ella en su corazón. Mateo 5:28.

Usted puede fornicar o cometer adulterio en su corazón con el simple hecho de desear a una persona, y peor aún, imaginarse estar con ella íntimamente. A menos que no sea con su pareja. Hay muchas personas solteras que me dicen que están desesperados por tener una pareja y luchan por serle fiel al Señor, pero que llega un momento en su vida en la cual ceden a la tentación de caer en la masturbación y que muchas veces les he difícil dejar de hacerlo.

Muchos se preguntan, ¿Es pecado la masturbación? Si, lo es. Cuando una persona se masturba, obligatoriamente tiene que pensar en alguien o tener fantasías con alguien que a usted le guste mucho. Ahí es donde pecamos, porque al desear a una persona que no es nuestra pareja cometemos adulterio, fornicación, codicia, lujurias, lascivias, surgen pasiones desordenadas, y son puertas abiertas que le ceden todo el terreno al enemigo para que el haga lo que quiera con nosotros.

Además la biblia dice que los que practican tales cosas no heredaran el reino de los cielos. Gálatas 5:21.

Cuando una persona que no conoce del Señor comete pecados no siente ninguna represión porque no tiene al Espíritu Santo en su vida para redargüirlo. En cambio, un cristiano lavado con la sangre de Cristo, cuando hace algo que no le agrada al Señor ni al Espíritu Santo siente la represión dentro de su corazón, siente su Espíritu contristado, lo cual le hace sentir que lo que hizo estuvo mal.

Después que usted cae en la tentación y comete el pecado, usted como cristiano(a) y como ser humano se siente mal con Dios, y con usted mismo, y estoy segura que constantemente le promete a Dios que no lo volverá hacer, porque siente dentro de usted cierta culpabilidad que le hace sentir, que lo que hizo no estuvo agradable ante los ojos de Dios. Pero cuando usted menos lo espera, y sin darse cuenta, la tentación y el deseo vuelven a tocar su puerta, y usted vuelve y cede a ella, convirtiendo esa situación en un círculo vicioso, difícil de romper. Recuerde que es difícil de romper, pero no es imposible de hacerlo. Porque todo lo podemos en Cristo que nos fortalece. Filipense 4:13.

Los ataques del enemigo no solo serán para los solteros, sino también para los casados. He conocido matrimonios que han recibido los ataques de demonios que quieren tener relaciones sexuales con una de las dos parejas. Hombres y mujeres que viven angustiados, porque de noche ven a un personaje, o una sombra que le visita y tienen relaciones sexuales con uno de los dos, que puede ser tanto el hombre como la mujer.

Cuando se trata de un matrimonio surgen muchos conflictos, hasta llegar al punto de una separación o un divorcio. Algunas de las puertas que un matrimonio puede abrirle a los demonios son: falta de perdón, raíz de amarguras, resentimientos, enojo, falta de comunicación, falta de amor. Etc.

La biblia dice: <Airaos, pero no pequéis; no se ponga el sol sobre vuestro enojo. Efesio 4:26). La pareja de matrimonio no debe irse a dormir sin antes resolver cualquier problema o desacuerdo que surja entre ellos, porque por ahí es que entra el enemigo, el solo está esperando que le abran una brecha para entrar.

Cuando una de las dos parejas está enojada, difícilmente aceptarán tener intimidad, y a veces esos enojos son por largos días. En 1 Corintios 7:16 La biblia dice, que no deben negarse el uno al otro, a menos que no sea por mutuo consentimiento (no por estar enojado o por no tener animo ni deseo de estar con su esposo o su esposa) sino para ocuparse sosegadamente en la oración; y volved a juntarse en uno, para que no os tiente satanás a causa de vuestra incontinencia>.

Yo quiero preguntarle a usted: ¿Tiene usted idea de cuantas parejas de matrimonios cristianos duermen en camas separadas? ¿Cuantas parejas duermen uno con la cara para el norte y el otro con la cara hacia el sur? y no precisamente porque ese sea su lado favorito. ¿Cuantas parejas hay que en la iglesia hablan más lenguas que el Apóstol Pablo, danzan más que David, predican más que Juan el Bautista, y en su casa no se soportan?

Todas esas actitudes negativas son puertas abiertas para que los demonios entren a su hogar, y también tomen el control de sus sueños. Cuando las parejas se niegan íntimamente el uno con el otro, los demonios pueden atacar a ambos conyugues con pensamientos carnales. Por ejemplo, el hombre comienza a pensar en otra mujer o desea que su esposa pueda tener las cualidades que él ve en otras mujeres, especialmente si es una mujer cristiana.

También el hombre puede ser atacado con diversos sueños eróticos que pueden ser difíciles de controlar. Cuando menos lo espere, puede soñarse con una mujer que lo visita en sueño, y que tiene relaciones con él. Pero en realidad es un demonio trasformado en mujer que tratará de seducirlo a usted, y si usted no le declara la guerra en el nombre de Jesús y lo resiste, ese demonio podría destruir su matrimonio.

Una de las tentaciones más grande que existe en el mundo es el placer sexual. Por la tentación sexual, muchos matrimonios han fracasado terminando en adulterio. Muchas parejas de noviazgo han fracasado por la infidelidad y la fornicación. Y el peligro no está en la tentación, porque es imposible que no seamos tentados. El peligro esta cuando cedemos a la tentación. Cuando pecamos, Dios nos perdona, y nos restaura, pero perdemos todas las bendiciones que íbamos a recibir, si no hubiésemos cometido ese pecado.

¿Se acuerdan del rey David? David cayó en adulterio, y luego se humilló y Dios lo perdonó, pero aunque fue perdonado y restaurado por el Señor, el rey David tuvo que pagar gravemente la consecuencia de su pecado. Dios lo perdonó, pero perdió a su hijo. Dios lo perdonó, pero después de cometer ese pecado, su reinado se vio gravemente afectado, y no solamente su reinado, sino que su familia se vio destruida.

Dice la biblia:< Porque el mandamiento es lámpara, la enseñanza luz, y camino de vida las reprehensiones de la instrucción, para librarte de la mujer mala, de la lengua suave de la adultera. No codicies su hermosura en tu corazón, ni dejes que te cautive con sus parpados. Porque por causa de una ramera uno es reducido a un pedazo de pan, pero la adultera anda a la caza de la vida preciosa. ¿Puede un hombre poner fuego en su seno sin que arda su ropa? ¿O puede caminar un hombre sobre carbones encendidos sin que se quemen sus pies?

Así es él que se llega a la mujer de su prójimo, cualquiera que la toque no quedara sin castigo. No se desprecia al ladrón si roba para saciarse cuando tiene hambre; más cuando es sorprendido, paga siete veces; tiene que dar todos los bienes de su casa. Él que comete adulterio no tiene entendimiento; destruye su alma (también su hogar y su familia) el que lo hace. Herida y vergüenza hallará, y su afrenta no se borrará> Proverbios 6: 23-33 (B.V. de las Américas)

Quejas en el matrimonio

Hay parejas que se quejan de su conyugue, porque uno de los dos ha descuidado su relación conyugal. Hay mujeres que dicen que se acuestan con sus esposos y parecen dos hermanos, porque él no la toca. Y muchas veces cuando deciden estar íntimamente con su pareja, solo se satisfacen ellos, y no toman en cuenta los sentimientos de la mujer. Pero también hay mujeres que no quieren estar íntimamente con sus esposos cuando ellos lo desean. Y esa son puertas abiertas para el enemigo.

La biblia nos habla bien claro y nos dice: « El marido cumpla con la mujer el deber conyugal, y así mismo la mujer con el marido. La mujer no tiene potestad sobre su propio cuerpo, sino el marido, ni tampoco tiene el marido potestad sobre su propio cuerpo, sino la mujer>. ICorintios 7:3-5.

Cuando usted desee estar con su compañero(a) y quiera darle un beso, un abrazo, o simplemente amarle, hágalo. La biblia dice que ese cuerpo es suyo. Ahora, hágalo con amor, con delicadeza, y con consentimiento de su pareja. Nada se puede hacer por la fuerza. Cuando usted éste con su pareja déjela satisfecha sexualmente, y que sus caricias las satisfagan en todo tiempo.

Eso no lo digo yo, sino las escrituras. Dice la biblia: "Sean bendito tu manantial, y alégrate con la mujer de tu juventud, como sierva amada y graciosa gacela. Sus caricias te satisfagan en todo tiempo, y en su amor recréate siempre ». Proverbios 5:18-19).

La biblia nos dice claramente que: <no os neguéis el uno al otro, a no ser por algún tiempo de mutuo consentimiento, para ocuparos sosegadamente en la oración; y volved a juntaros en uno, para que no os tiente satanás a causa de vuestra incontinencia>.

Si usted como pareja desea apartarse con el Señor en ayuno y oración, ¡eso está estupendo! Pero usted debe ponerse de acuerdo con su conyugue para que lo apoye y le dé su respaldo, y si es posible, se una con usted en ese retiro. Porque es de gran bendición cuando los matrimonios pueden orar y ayunar juntos. Pídale al Señor que le dirija, y que le confirme por cuantos días, Él quiere que ustedes se retiren en ayuno y oración. Dios lo va a guiar, pero no hagan nada por emoción. Por ejemplo, hay personas que dicen: "Me voy a retirar con el Señor 21 días, y que nadie me moleste".

Pero yo le pregunto a usted, ¿se puso de acuerdo usted con su esposa o su esposo? ¿O simplemente le informó para que lo supiera? ¿Le dejó usted suficiente dinero para que ella pueda suplir los gastos del hogar durante su ausencia? ¿Cuándo usted va a predicar lejos de su hogar y su esposa o su esposo no puede acompañarle, le llama usted frecuentemente para saber cómo está? ¿Le expresa que le ama y que le extraña? ¿Saca usted tiempo para dedicárselo únicamente a su familia? ¿Sabían ustedes que como parejas necesitan su espacio, y también necesitan compartir juntos, sin la presencia de nadie más?

No podemos descuidar nuestra relación familiar ni conyugal. La biblia nos manda a someternos unos a otros en el temor del Señor. La mujer casada debe estar sujeta a su propio marido como al Señor. Debemos amar y respetar a nuestros maridos. Consultar con ellos cualquier decisión que deseamos hacer. Ahora, hay muchas mujeres que sufren de abusos físicos, emociónales y sexuales por causa de su esposo. Sujetarse a los maridos y ser sumisas a ellos no significa que deben permitir que ellos abusen de ustedes. Yo pienso que así como se denuncia a un violador, también se debe denunciar a un abusador. Hay mujeres que han perdido su hogar por no sujetarse a los maridos. Pero hay otras que no solo han perdido su hogar, sino también su dignidad, y su vida, por sujetarse a un marido abusador.

La Biblia (le ordena a los maridos amad a vuestras mujeres y que no sean áspero con ellas. Colosenses. 3: 19) eso significa que sean cariñosos, amorosos, bondadosos, comprensivos, detallistas, dulce, amables, serviciales, etc.

Como esposa, la mujer puede soportar hambre, desnudes, enfermedades, y estar juntos en los buenos momentos y en los malos, pero en ninguna parte de la Biblia dice que debe soportarle abusos. Si usted es una mujer abusada por su marido, no se quede callada, y busque ayuda.

El Señor le ordena a los maridos amar a vuestra mujeres así como Cristo amo a la iglesia, y se entregó a si mismo por ella. Efesio 5:25. ¿Cómo ama el Señor a la iglesia? ¡La ama tanto que entregó su vida por ella!

Yo sé que no solamente hay mujeres abusadas por su marido, sino maridos abusados por su esposa. Mujeres que no se sujetan a su esposo. Lo maltratan y lo tienen como algo insignificante. Mujeres que viven amargadas, llenas de celos y melancolías. Mujeres que descuidan a sus hijos, descuidan a su esposo, descuidan su hogar, y hasta ellas mismas se descuidan en su apariencia. No se preocupan por arreglarse, y verse bien para su esposo.

Muchos esposos tienen razón al desencantarse de su esposa, y a veces ellos no sienten ni deseo de llegar a su hogar. Y todo eso por qué ? porque llegan a la casa, y encuentran todas las cosas tiradas en el piso, en el sofá, los platos sucios, los niños descuidados, la mujer despeinada, olorosa a cebolla, y ajo. No hay un ambiente agradable. No hay paz. Y para colmo, tienen en la pared un letrero bien grande que dice: "Aquí Reina la paz de Cristo."

Yo soy una mujer casada y más adelante compartiré con ustedes el testimonio de como el Señor me dio a mi esposo. Desde que mi esposo y yo nos casamos nunca nos hemos acostado enojados. Nosotros nos propusimos y nos prometimos que cualquier problema que surja entre nosotros, vamos hablar, y a tratar de resolverlo llegando a un acuerdo. Cuando yo deseo hacer algo o ir a un lugar, le consulto a mi esposo, le pido su opinión y cuando necesito ayuda, le pido su ayuda.

Mi esposo también me toma en cuenta en todos sus asuntos. Él no hace nada pensando solo en su conveniencia. Él primero piensa en mí. Y ese es el verdadero amor. El amor no busca lo suyo, sino el bien de la persona amada, ni hace nada indebido que pueda perjudicar al ser amado. El amor no se irrita. Recuerdo que un día me sentí un poco irritada con mi esposo, pero a los 15 minutos estaba contento con él. El amor no guarda rencor. Muchas veces nos podemos sentir molestos o enojados, pero no podemos permitir que sea por mucho tiempo. Cualquier cosa que suceda entre las parejas, deben tratar de resolver ese asunto antes de que termine el día. No pueden acostarse enojados. El enojo es una puerta abierta para que el enemigo entre, y siembre cizaña en la mente y en el corazón de ambos.

La Biblia dice que: el amor todo lo sufre, todo lo cree, todo lo espera, todo lo soporta. 1 Corintios 13: 4-7. ¡Cuidado! Cuando dice que todo lo sufre y todo lo soporta, no se refiere a maltratos físicos, ni abusos emocionales. No confunda el verdadero amor con una obsesión, ni con masoquismos, ni con una fuerte costumbre. Recuerde que el verdadero amor no busca lo suyo, sino el bienestar de la persona amada.

Hogares quebrantados producen niños "desequilibrados emocionalmente"

Hay hombres y mujeres que vienen de un hogar destruido. Toda su vida vieron a papá maltratando a mamá. Vieron un padre o una madre alcohólica, solo escucharon palabras de odio y de rencor. Lamentablemente su vida quedo frustrada, marcada para toda la vida. Crecieron sin el amor de una familia, y sobre todo con una autoestima muy baja para no decir ninguna.

Las personas que crecen en hogares quebrantados desean tener un hogar, una familia estable donde no se repita la misma historia que a ellos les tocó vivir en su infancia, pero lamentablemente cuando por fin tienen el hogar deseado y la familia deseada, se repite en su hogar el mismo patrón, la misma historia que vivieron con sus familiares.

Es como una maldición que les persigue. Y aun muchas veces vienen al Señor, y no se despojan de ese pasado, no le entregan esa carga al Señor, y siguen viviendo en la misma condición, haciéndole creer a la gente que todo está bien, cuando en realidad todo es una falsa. Y es por eso que muchas veces el enemigo hace con ellos lo que se le antoja.

Usted puede echar todas sus cargas en el Señor. Entréguele su pasado, entréguele su hogar y su familia, y déjelo obrar en su vida. La Biblia dice: Echad sobre el Señor tu carga, y Él te sustentará (Te ayudará) Salmos 55:22

¡Usted puede cambiar! Lo que necesita es un cambio de actitud positiva. Usted tiene al Señor como su aliado. Él es su ayudador. No permita que así como el enemigo destruyó el hogar de sus padres cuando usted vivía con ellos, también le destruya el suyo. Tiene que romper esa maldición, porque de lo contrario pasará de generación tras generación. Usted es un vencedor(a) y los vencedores no se quedan noqueados en el suelo por los golpes que le da la vida. Ellos se levantan y siguen luchando, aprendiendo de sus errores para no volverlos a cometer.

A los maridos les exhorto, a que le den ánimos a sus esposas. Díganle palabras bonitas. Exprésenle lo importante que ellas son para ustedes. No esperen que sea demasiado tarde para expresar sus emociones. Aunque su pareja sepa que usted le ama, a ella le gustará oírlo decir de su propia boca. Y mientras más se lo repita, mucho mejor

Dios quiere bendecir su hogar. Bendecir sus vidas espiritualmente, físicamente, emocionalmente y también financieramente. La Biblia dice: La bendición del Señor es la que enriquece, y Él no añade tristeza con ella". Proverbios 10:22

Pequeños detalles, pero con grandes resultados

Perdónenme que hable tanto de mi esposo, pero no puedo pasar por alto dejar de hablar de ese hombre tan maravilloso que Dios me ha dado. Él es muy detallista, sabe que me gustan las flores, y siempre o cada vez que puede me sorprende con rosas. Cuando no puede comprar un ramo completo, me trae una rosa, y me siento tan feliz como si me hubiera traído la florería completa. Y realmente no es tanto por la rosa, sino por el detalle de pensar en mí.

Cuando él desea algo tan simple como que le prepare un café o un té, me lo pide con mucha amabilidad, y sobre todo me pide el favor. Por cada cosa que haga para él, me da las gracias. Me felicita cuando hago algo bien, pero también me corrige y me deja saber cuándo hago algo mal. Se preocupa por mis necesidades. Todos los días me deja saber lo mucho que me ama. Por causa de su trabajo, tenemos que estar separados frecuentemente, pero de donde quiera que esté. Me llama todos los días para saber que estoy bien y para dejarme saber lo mucho que me extraña.

Usted pensará: ¡Esta mujer tiene un hombre perfecto! No, mi esposo no es perfecto, al contrario, tiene muchos defectos. Pero yo no me enfoco en sus defectos, sino más bien en sus virtudes. Trato de mantener su autoestima alta. Le expreso lo mucho que lo amo, lo importante que él es para mí, y le digo lo agradecida que estoy del Señor, por tenerlo a él, como esposo.

Le hablo de sus cualidades positivas, y con sabiduría e inteligencia le hablo de las negativas, pero sé que él, las puede cambiar. Así como nosotras las mujeres nos sentimos bien cuando nuestros esposos nos dicen algo agradable, también nuestros esposos se sienten bien cuando le decimos: "Mi amor que linda te queda esa camisa, o ese pantalón, o que bien te ve afeitado."

Una amiga mía me envío un hermoso pensamiento por e-mail. Una de las frases del pensamiento dice: una mujer fuerte, obtiene un compañero fuerte que incremente su fuerza…mientras que una mujer de fortaleza se convierte en la fuerza que hará invencible a su compañero. (Mujeres piensen en este pensamiento y se lo dejo de tarea).

¿Cuánto tiempo hace que usted no le dice nada bonito a su pareja? Si usted está esperando un cambio en su relación, no espere que su pareja cambie primero, empiece usted a dar el cambio. Comience usted a dar el primer paso. Pero ya es hora de no permitirle al diablo hacer con su matrimonio lo que a él le dé su gana. Pelee la guerra contra el enemigo y no se declare vencido(a).

Si usted no siente el deseo ni el ánimo de hacer algo para salvar su relación, entonces apóyese en el Señor. Él es quién te dice: "no temas porque Yo estoy contigo; no te desalientes, porque Yo soy tu Dios. Te fortaleceré, ciertamente te ayudaré, si, te sostendré con la diestra de mi justicia". Isaías 41:10

Usted dirá: ¡Es que mi esposo es tan seco! tiene tan mal carácter que a mí no me da deseo de nada, yo estoy segura que cuando usted conoció a su esposo (a) usted no lo(a) conquistó con ese mal carácter. Empiece trabajando con su pareja por su lado bueno, porque malo completamente, yo sé que no es. Si a usted le falta sabiduría, pídasela al Señor y Él se la dará.

La Biblia dice: <Si alguno de vosotros está falto de sabiduría, que la pida a Dios, el cual da a todos abundantemente y sin reproche, y le será dada> Santiago 1:5. La sabiduría que viene de lo alto es primeramente pura, después pacifica, amable, llena de misericordia y de buenos frutos, sin vacilación, sin hipocresía. Santiago 3:17. ¿Cómo no desear esa sabiduría que viene del cielo?

¿Es usted una mujer o un hombre sabio y entendido? La mujer sabía y de igual manera el hombre sabio, edifican su casa, más los necios con sus manos la destruyen. La Biblia dice: ¿Quién es sabio y entendido entre vosotros? Que muestre por su buena conducta sus obras en sabia mansedumbre. Pero si tenéis celos amargos y ambición personal en vuestro corazón, no seáis arrogantes y así mintáis contra la verdad. Esta sabiduría no es la que viene de lo alto, sino que es terrenal, natural, diabólica. Porque donde hay celos y ambición personal, allí hay confusión y toda cosa mala. Santiago 3: 13-16.

Siempre habrá una solución

No dejen que se apague la llama del amor entre ustedes. Que esos celos amargos, ni la ambición personal, ni la arrogancia sean las causas que apaguen el amor que debe haber en ustedes. Hay parejas que sienten que ya no se aman, pero muchas veces eso no significa que de verdad el amor se haya perdido. A veces las heridas que han sido causadas a nuestro corazón hacen que en vez de sentir amor por nuestra pareja, sintamos dolor. Pero si a esas heridas y a ese dolor se le pone las medicinas y los antibióticos adecuado, con el tiempo sanará, y el dolor desaparecerá.

¿Cuáles son esas medicinas y esos antibióticos? Se llaman perdón, arrepentimiento, humildad, dialogo, un cambio de actitud negativa a una actitud positiva, y una nueva oportunidad. Yo sé que todos los matrimonios tienen dificultades. No piensen ustedes que mi esposo y yo no hemos tenidos desacuerdos. Claro que sí, pero la comunicación es muy importante. Aprendan a escuchar a los demás. Hay personas que no saben escuchar. Creen que solo ellos tienen la razón. Para hablar no es necesario hablar a gritos, no siempre el que habla más alto, es quién tiene la razón.

Una vez me enojé con mi esposo. Dentro de mí misma, sabía que yo no tenía la razón, y el Espíritu Santo me redargüía y me decía, pídele perdón. Yo quería hacerlo, pero las palabras no me querían salir. Sentía la garganta cerrada. Abrí mi boca varias veces para decirle: ¡Perdóname mi amor! Pero no podía. ¿Saben por qué no podía? Por orgullo de mujer. Pero me di una palmadita en la espalda y me dije a mi misma: "Sandy, te reprendo en el nombre de Jesús". Así que habla y pide perdón. !

Luego le dije a mi esposo: perdóname, sé que te hice sentir mal ». Mi esposo humildemente me dijo: perdóname tu a mi » esa actitud de parte de mi esposo, yo le llamo humildad. El reto de la historia no tengo que decírselo, ustedes se lo pueden imaginar. El perdón y el reconocer nuestras faltas, y ¡nuestras fallas, hacen milagros!

No deben dejarse usar por el enemigo, como pareja deben reconocer sus errores, y pedirle al Señor que le dé el discernimiento de saber cuándo algunos de los dos, se está dejando usar por el enemigo. No olviden que nuestra lucha no es contra sangre ni carne, sino contra el enemigo y sus huestes de maldad.

Para que un matrimonio pueda sobrevivir, hay que dejar el

orgullo y saber reconocer cuando le fallamos u ofendemos a nuestra pareja. Debemos pedir perdón. Hay parejas que me dicen, si mi esposo me ofendió, él es quién tiene que pedirme perdón, o si mi esposa faltó, ella es la que tiene que humillarse. Yo sé, que el deber de la persona que ofende es pedir perdón, pero si su pareja no quiere hacerlo, acérquese usted, y con mansedumbre hable con su pareja. Para todo hay una solución.

Si usted no quiere humillarse porque piensa que su pareja no se lo merece, entonces hágalo por amor a su Señor Jesucristo, y por el bienestar de usted mismo(a).

Cuiden los detalles pequeños y no descuide a su familia

No descuiden los detalles pequeños. Hay cosas pequeñas que pasan, y como pequeñas, las dejamos pasar por alto. Pero a veces, esas cositas pequeñas que empiezan tan simple como una gota de agua cayendo en una roca, al principio parecen insignificantes, pero con el tiempo esa gota de agua perfora la roca. Así pasa con la relación matrimonial, surgen cosas pequeñas y no tratamos de corregirlas, y al pasar el tiempo es que nos damos cuenta la gravedad de la situación.

Recuerde que en el primer lugar de su vida debe estar Dios. En el segundo lugar, la familia, y en el tercer lugar el ministerio. La iglesia empieza por su casa, y si usted no puede gobernar bien su casa, ni cuidar a su familia, ¿cómo creerá que podrá gobernar y cuidar de los asuntos del Señor?

Hay personas que han descuidado a su familia, y la excusa que ponen es que lo han tenido que hacer por causa del ministerio. Y muchas veces cuando la relación está en conflictos o al borde de una separación buscamos culpables. Culpamos al diablo, culpamos a nuestro conyugue, y a veces culpamos al mismo Dios, y realmente los únicos culpables somos nosotros mismo por nuestra concupiscencia y por nuestro propio descuido. Y es ahí donde el enemigo se aprovecha de la situación.

Es responsabilidad de los dos, en la pareja, salvar su familia y salvar su matrimonio. Yo sé que muchas mujeres, y muchos hombres ponen todo su empeño, sus deseos, sus fuerzas y su sacrificio para salvar su relación matrimonial. Buscan consejería, leen libros que les ayudan y le aconsejan como salir adelante en su matrimonio. Pero lamentablemente, la otra parte, no tiene ningún interés de salvar la relación. Y solo un milagro del Señor podría hacer que ese matrimonio o esa familia permanezcan unidos como manda su palabra. Para salvar una relación se necesita que los dos estén de acuerdo, y que los dos pongan de su parte.

No me canso de repetir, que el perdón es la llave que abre la puerta para un nuevo comienzo. Sé que perdonar no es fácil. Yo tuve que hacerlo muchas veces, aun cuando me parecía imposible por causa del horrendo y devastador dolor que sentía dentro de mí. Pero podemos pedirle al Señor que nos ayude, y que ponga en nosotros un corazón perdonador. Muchas veces se hace difícil perdonar, especialmente cuando las heridas están a flor de piel, pero cuando lo hacemos damos un paso gigante y caminamos hacia adelante para obtener todas las cosas que el Señor quiere darnos.

La falta de perdón nos paraliza, estorban nuestro caminar con Dios, estorban los planes que el Señor tiene con nosotros. Es como cuando están construyendo una casa de block. Si no hay agua para el cemento no podrán pegar los block, y la construcción se paraliza. Si no perdonamos, también paralizaremos la obra de Dios en nuestra vida. No permitas que la falta de perdón destruya tu hogar, tu familia, tu vida Espiritual, no permitas que el enemigo entre por esa puerta. ¡Ciérrala! No permitas que por la falta de perdón estorbe la obra de Dios en tu vida, y limites las cosas que el

Señor quiere hacer contigo y los tuyos.

No detengas la obra de Dios en tu vida. No decidas ser un perdedor(a). No renuncies a todas las cosas que Dios quiere darte. Todas las pruebas que han llegado a tu vida, y que te han dejado con cicatrices y con mucho dolor, son los exámenes que el Señor te ha permitido, y que aún te sigue permitiendo para prepararte, y así reciba todas las cosas que él tiene para ti, y para que tu vida sea un ejemplo de bendición para todas aquellas personas que se encuentran sufriendo sin Dios y sin esperanza.

El enemigo sabe que los propósitos del Señor es bendecirte, para que tu vida sea de testimonio a otras personas, y por eso, él hará todo lo posible y aun hasta lo imposible para que tú no obtengas las bendiciones del Señor, ni te muevas a la posición que Él quiere llevarte.

Hay un precio que pagar, pero si Dios que te ha escogido y te ha llamado, es porque Él sabe que en ti hay un potencial muy grande, y que si te esfuerzas y le obedeces, aunque eso te cueste dolor, lagrimas, soledad, tristeza, humillación, desprecio, burla, etc. tu llegarás a la meta y obtendrás la victoria, y te sorprenderás del futuro maravilloso que Dios tiene para ti y los tuyos.

No dejes que el miedo y el temor te paralicen
He mencionados algunos pecados que pueden ser puertas abiertas para que los demonios le ataquen Espiritualmente. Ahora, tal vez sus problemas no son ningunas de las cosas que he mencionado: como por ejemplos, los pecados de adulterio, fornicación, ver películas pornográficas, la masturbación, o el desear estar con alguien íntimamente que no es su pareja.

Pero, aun así también muchas veces se da el caso de que un demonio intente visitar a un cristiano para seducirlo, pero si el cristiano en vez de reprenderlo se llena de miedo y no hace nada, entonces ese demonio seguirá atacándolo a usted y visitándole hasta que usted decida echar el temor a un lado, y reprenderlo en el nombre de Jesús. También el temor y el miedo son puertas abiertas al enemigo.

Cuando alguien tiene una aparición demoníaca, muchas veces la persona siente que todo su cuerpo se le paraliza, y la lengua la sienten pegada al paladar, pero como le dije antes, los demonios no pueden paralizar su mente y a través de ella, usted puede clamar al Señor y pedirle ayuda. Si usted no conoce mucho de la guerra Espiritual, le aconsejo que busque la dirección de Dios, y de personas que le puedan ayudar en esa área. Vayan a la librería y compren libros que hablen de la guerra Espiritual, y allí también encontraran oraciones de guerras espirituales que pueden ayudarles y fortalecerle.

Cuando el Señor me libertó y empezó a prepararme Espiritualmente, El me dirigió a leer dos libros que fueron: El vino a liberar a los cautivos y Preparémonos para la guerra (Rebecca Brown). Poco a poco, el Señor me siguió dirigiendo para comprar los libros de hombre y mujeres de Dios, que conocen muy bien del mundo Espiritual y de cómo operan los demonios. Pero la clave numero #1 es confiar en Dios, obedecer al Señor, escudriñar su palabra, y orar constantemente. ¿Qué deben hacer las parejas?

Las parejas deben orar juntas, deben ungir a su familia, y todas las cosas que exista en su hogar. Traten de resolver cualquier conflicto que surja entre ustedes. Ustedes como cristianos recibirán ataques de Satanás. Pero ese enemigo ha sido vencido. ¿Cómo es posible que usted siendo un vencedor, se deje vencer por uno que esta derrotado? ¡De ninguna manera permita eso!

Si usted no ha pasado por ninguna de estas experiencia, dele gracias a Dios, pero el que usted nunca haya vivido la experiencia de ser atacado por un demonio sexualmente o de cualquier otra manera, no significa que estas cosas no sean reales. Hay experiencias que Dios, se la permitirá vivir para que usted pueda entender y ayudar a otras personas.

Yo conocí una mujer creyente, con una familia preciosa, y un marido que la amaba, y estaba viviendo la experiencia de que un demonio la visitaba, y tenía relaciones sexuales con ella. La hermana en Cristo, no encontró mucha ayuda, porque le daba vergüenza hablar del tema con alguien, además creía que la gente podía pensar que ella estaba loca.

Ella cayó en severa depresión y dejo de ir a la iglesia; ella necesitaba ayuda, pero cuando trate de ir a visitarle para hablar con ella y ofrecerle mi ayuda, prefirió irse a otro lugar. Lamentablemente hay personas que le gusta sufrir y hacerse víctima del enemigo. Pero no permita usted, que el enemigo quiera usarlo como títere. Usted es un vencedor. Usted es un hijo de Dios. Usted por sí solo no puede hacer nada. Pero con Dios todo es posible. El Señor es quién lo ciñe de poder y quién hace perfecto su camino. El Señor es quién adiestra sus manos para la batalla. Salmo.18:32,-34.

Capítulo XVIII

Cuando la situación va contraria a lo que Dios te ha prometido

Capítulo XVIII

Dice las letras de un himno: Alabar a Dios cuando las cosas te salen bien ¡Qué bueno es! Alabar a Dios cuando en la vida no tiene problemas ¡Que cosas buenas". Las letras de ese himno dicen una gran verdad. Pero cuán difícil se nos hace muchas veces alabar a Dios en medio del problema, en medio del quebranto, o cuando vemos que la situación va a contraria a lo que Dios nos ha prometido, o aún cuando sentimos su presencia a millones de metros de distancia.

Yo sé que muchos de ustedes han tenido la experiencia que sienten la presencia del Señor de una manera muy especial. Tan cerca que casi la podemos palpar. Sentimos que Dios va caminando a nuestro lado. Vamos a la iglesia y nos gozamos, y el Señor nos habla a través del mensaje, y nos da una profecía a través de sus siervos, y nos da sueños y revelaciones. Todo parece marchar como viento en popa, todo está a nuestro favor, a pedir de boca. Pero de repente algo sucede, y es que dejamos de sentir la presencia del Señor, es como si Él se alejara de nosotros.

Oramos y la oración parece que rebotan en el aire. Vamos a la iglesia con la esperanza de que Él nos hable a través del mensaje o use a su mensajero con una profecía para nosotros, pero el Señor no nos dice nada. Puede ser que Dios use al predicador para ministrarles a todos los hermanos, pero cuando el predicador pasa en frente de nosotros, ni siquiera nos mira. Y decimos en el pensamiento: « Señor, mira que yo estoy aquí, ¡háblame por favor!

Y pasan días, semanas, meses, y puede ser que pase un año o más, y Él sigue sin decir nada.

Hay un tiempo donde el Señor para su mover en nuestra vida. Es como si Él se detuviera y nos dijera: ¡Espera un momento, détente! Cuando Dios detiene su mover en nuestra vida y cuando Él hace silencio, es porque algo grande va hacer con nosotros.

Nosotros los humanos siempre andamos con prisa, siempre estamos apurados, y queremos que Dios haga las cosas rápidas, y cuando sentimos que no está pasando nada en nuestra vida nos desesperamos. Pero debemos entender que Dios no tiene prisa, aunque nosotros la tengamos.

Dios sabe cómo y cuándo va a llegar. Él sabe cuándo hablar, cuando caminar y cuando correr a tu favor, porque solo Él tiene el control de todo. Dios hace todo a su tiempo. Dice la Biblia <que hay un tiempo señalado para todo, y hay un tiempo para cada suceso bajo el cielo>. Eclesiastés 3:1

Eso significa que aunque nos desesperemos, no vamos hacer que Dios cambie los planes, ni los propósitos que él tiene con nosotros. Sino que, a su tiempo Él nos dará lo que nos conviene.

Ante de irme a vivir a Alemania con mi esposo, el Señor me dijo que Él estaría conmigo, y que su ángel iría delante de mí abriendo camino, y que grandes propósitos tenía conmigo en Europa.

Yo le había pedido al Señor, que me diera como esposo a un alemán y que quería vivir en Alemania. Realmente no sabía lo que estaba pidiendo, ni me imaginaba el precio que tenía que pagar. No me refiero a mi relación con mi esposo, porque con el soy muy feliz. Sino a lo difícil que fue adaptarme a esta cultura. (En realidad creo que todavía no me adapto).

Cuando el Señor me dijo que me enviaba a Europa, y que Él iba a estar conmigo, no me preocupe para nada, porque sabía que iba a estar con mi Señor, y con mi esposo. ¡Pero al llegar a Alemania, lo menos que sentí fue la presencia del Señor!

Yo estaba viviendo en un pueblo muy hermoso, todo parecía perfecto, las calles muy limpias, todo muy ordenado y tranquilo, pero nadie hablaba Inglés, ni Español, y yo no hablaba alemán (Todavía no he aprendido hablarlo muy bien). Solo podía hablar con el Señor, y con mi esposo. Pero mi esposo tenía que irse a trabajar, algunas veces trabajaba dentro del país, pero lejos de casa, u otras veces fuera del país. Solo podíamos vernos los fines de semana. Y cuando hablaba con el Señor, lo sentía a millones de distancia, hasta que un día desesperada, lloré y le dije: ¿Señor, es que Tú no existes aquí en Alemania? ¿Dónde Tú estás? Tú eres tan imprescindible para mí, como el aire que respiro ¡contéstame mi Jesús! pero no hubo repuesta.

Oraba, ayunaba, cantaba, leía la Biblia, hacia vigilia en mi hogar, hice de todo, y el Señor no decía nada. Nadie me llamaba por teléfono, y cuando alguien me llamaba de New York era para pedirme la oración o para contarme sus problemas. Había personas que cuando me llamaban ni siquiera me preguntaban cómo estaba yo. Enseguida me decían que me llamaban para que orara por ellos. Yo les escuchaba y oraba por su petición, pero después que se le resolvía el problema, se olvidaban de llamarme.

Yo llamaba todos los días a mis amistades y a mi familia, y la cuenta del teléfono llegaba carísima. Solo me sentía bien cuando mi esposo estaba en casa y podíamos compartir juntos, pero cuando llegaba el momento de irse a trabajar, volvía la soledad y el silencio hacerme compañía.

No sabía a donde encontrar una iglesia Evangélica, y para

colmo, en el lugar donde vivía solo había dos Iglesias, una católica y la otra luterana. Además, los servicios eran en alemán. No podía salir, porque no sabía coger el tren ni el autobús, tenía miedo de perderme.

Muchas veces miraba por la ventana y no se veía a nadie caminar en la calle. Pero una mañana me tiré al piso llorando y con desesperación le dije al Señor: "Yo sé que Tú me enviaste a este país, y me dijiste que un propósito grande tienes conmigo aquí, pero si Tú no me hablas, si no me dices nada, recogeré mi ropa y volveré a New York. Lo siento mucho por mi esposo, y Tú sabes que lo amo con toda mi fuerza, pero si tu presencia, no está conmigo en este lugar, me voy, prefiero estar en New York, soltera con mis cincos sentidos, predicando tu palabra, y no aquí en Alemania, casada, casi loca y sin sentir tu presencia. Así que si Tú no quieres que me vaya, entonces te pongo dos señales, y es que me provea amistades en este lugar, y que me uses en sanidad en alguien que esté enfermo ».

Ese mismo día por la tarde fui al correo a poner una carta, y cuando venía de regreso a la casa, pasaba por el frente de la iglesia Luterana, y había una señora sentada en un banco que estaba cercano a la iglesia. El Espíritu Santo me dijo que me devolviera y fuera hablar con esa señora. Yo seguí caminando y le dije al Espíritu Santo ¿cómo le voy hablar a esa señora si no la conozco y no hablo el mismo idioma que ella habla? Sentí una mano real que me agarró por el brazo izquierdo y me hizo devolverme hasta donde estaba la mujer sentada. Me vi frente a ella, y no sabía que decirle. Ella se sonrío conmigo y me habló en alemán.

Yo le pregunté: Do you speak English or Spanish? Me dijo en alemán que ella hablaba Ruso, France, Armenio, y un poco de Alemán. Parece gracioso lo que voy a decir, yo le hablaba a esta mujer en español e inglés, y ella me hablaba en alemán, no sé cómo, pero nos estábamos entendiendo. Ella me invitó a su casa, y yo dije en mi mente: "Señor, me voy a la casa de esta mujer, si me matan me voy contigo, pero no voy a perder la oportunidad de hacer amistades con esta familia. Cuando llegamos a su casa, la familia me recibió muy bien. Ella tiene tres hijas y una de ella habla un poco de Ingles, me prepararon cena, y me dijeron que me hiciera de cuenta que ellos eran mi familia.

Yo me sentía feliz porque aunque no sentía la presencia de Dios por mucho tiempo, Él me estaba confirmando las señales que le puse y una vez más, me confirmaba que era su voluntad que permaneciera en Alemania.

Esa misma tarde al regresar a la casa, mientras iba subiendo las escaleras me encontré con un señor anciano, él iba a botar una basura, me saludo y me dijo algo en alemán, yo pensé que quizá él quería que lo acompañara a votar la basura y me fui con él. Cuando regresamos, el abrió la puerta de su apartamento y me hizo la seña que entrara, pero yo no me atrevía a entrar, y entonces el me hablo y me dijo algo, pero de la conversación solo entendí la palabra "meine frau" que quiere decir "mi esposa". Yo pensé: él quiere que vea a su esposa." entre a la casa, y efectivamente era eso lo que el anciano me había dicho. Su esposa estaba muy enferma. Tenía en su cuerpo una enfermedad rara, parecía que su piel se le iba a caer poco a poco.

Yo le dije haciéndole seña que si me permitían orar por ella y me dijeron que sí. Oré, pero en el instante el Señor no hizo nada. Me fui a mi casa y al día siguiente vi a la anciana sentada en el jardín y fui a saludarla. Cuando ella me vio se puso muy contenta y me daba besitos, se levantó la blusa y me enseño su piel, estaba sana completamente, y la piel parecía la piel de un niño. ¡Gloria a Dios! Él me contesto la otra señal.

Después de esta experiencia me quedé un poco más tranquila, pues ya no me sentía tan sola, porque cuando mi esposo se iba a trabajar, yo iba a visitar a mis amistades, también aprendí a coger el tren y el bus que iba al centro de la ciudad.

Antes de venir a Alemania vivía muy ocupada en New York, frecuentemente estaba predicando y viajaba mucho. Mi celular no paraba de sonar y siempre encontraba con quién hablar. Pero también me quejaba delante del Señor, le decía que me sentía cansada, a veces deseaba que el celular no sonara, le decía al Señor que deseaba tener un hogar y estar tranquila, y ahora que Dios me contestaba mi petición de tener un hogar, de estar tranquila y de que el celular no sonara, también me quejaba ¡Quién puede entender al ser humano!

Mientras estuve en New York pensaba que mi confianza estaba puesta en Dios no importara lo que pasara, pero estando aquí en Alemania fue, que me di cuenta que en la última persona que mi confianza estaba puesta era en Dios. Fueron necesario casi 4 años de silencio de parte de Dios para que aprendiera la lección y de verdad aprendí a depender y a confiar en Él.

Cuando vivía en América y se me presentaba algún problema lo primero que hacía era buscar la ayuda y la orientación de las personas, y cuando las personas no podían ayudarme, entonces recurría al Señor. Cuando me enfermaba, en vez de recurrir al Señor, corría a ver a mi doctor. No es que ir a un doctor o confiar en la gente sea malo, lo malo era recurrir a Dios como última alternativa cuando Él debe ser nuestra primera prioridad.

Pero aquí en Alemania aprendí a confiar como una niña en Él. No había otra alternativa. En esos años de silencio le dediqué el tiempo que nunca le había dedicado al Señor y al Espíritu Santo. Recuerdo que un día tuve un pequeño accidente y me lastimé la columna, el dolor era terrible, pensé que me quedaba paralítica, necesitaba de un doctor, pero no podía ir al hospital, porque todavía no tenía seguro médico, e ir a un hospital sin seguro médico cuesta miles de Euros para cubrir los gastos. Mi esposo lloraba juntamente conmigo, él quería que el dolor se le pasara a él, pero no podía hacer nada, porque no tenía el dinero de pagar el doctor.

Recurrí a la oración y hable con el Señor. Creí por fe que él no me iba a dejar postrada, y por encima del dolor y de la desesperación seguí creyendo, y el Señor hizo el milagro de sanarme. El Señor quería enseñarme a confiar en Él, aunque no sienta su presencia y aunque la situación la vea contraria a lo que él me había prometido.

La confianza y la compañía del Espíritu Santo

Aprendí a confiar en el Espíritu Santo como nunca lo había hecho. ¡Él es tan real! Recuerdo que una tarde fui a la azotea de la casa a recoger la ropa que había lavado. Estaba bajando la escalera de espalda, y a la misma vez sostenía con las dos manos el canasto donde tenía la ropa. No sé cómo paso, pero de repente sentí que iba a perder el equilibrio, no sabía cómo sostenerme, porque si sostenía la ropa con una sola mano para agarrarme de las escaleras perdería el equilibrio, y de toda manera me iba a caer, y si caía era una muerte segura.

Rápidamente le dije al Espíritu Santo: "Por favor ayúdame, si me muevo me caigo y mi cuerpo está perdiendo el equilibrio, si caigo moriré, ayúdame, ¿Que hago Espíritu Santo?

El Espíritu Santo comenzó hablarme y me dijo: "Quita una mano del canasto de la ropa, y sujétate de las escalera". Yo le conteste: No puedo, si hago un pequeño movimiento caeré". Él me dijo: "no te vas a caer, solo cree que mis manos te van a sujetar". Yo volví a decirle, pero no siento tus manos, solo siento el frío de la muerte". Y volvió a decirme, solo cree que mis manos están en tu espalda". Cerré los ojos y creí, y rápidamente me pude sujetar de la escalera. Ese día le di tantas gracias al Señor y al Espíritu Santo porque cuando me solté como Él me dijo, sentí una brisa y en medio de la brisa unas manos reales como la de un hombre que me sostuvieron la espalda y no me permitió caer.

Aprendí a confiar en el Espíritu Santo para todo. Un día estaba escribiendo en la computadora de mi esposo. No sé qué paso, pero la computadora se apagó y no quiso funcionar. Me sentí muy preocupada, porque pensé que le había dañado la computadora a mi esposo, además él había estado trabajando en la computadora tratando de hacer un programa para su trabajo, pero no lo lograba hacer. Yo le oré al Espíritu Santo y le dije: Espíritu Santo creo que le dañé la computadora a mi esposo, cuando él venga me dará pena decirle que le dañé su computadora, por favor Espíritu Santo te pido que se la arregles en nombre de Jesús. Di gracias y creí.

Llamé a mi esposo y le dije: creo que dañé tu Laptop. Él me dijo que no me preocupara, que cuando llegará a la casa, él trataría de arreglarla. Le dije, que yo hice una oración, y creo por Fe, que el Espíritu Santo te la arregló. Cuando mi esposo llegó a la casa, encendió la computadora y estaba trabajando, pero el milagro más grande que hizo el Espíritu Santo no fue solamente arreglar la computadora, sino que el programa que mi marido quería hacer y que no había podido hacerlo, apareció hecho. Él estaba sorprendido, pero más sorprendida estaba yo. El Espíritu Santo hizo más de lo que le había pedido. ¡Te amo Espíritu Santo!

Un año después de estar en ese hermoso pueblito llamado Norten Hardenberg. Dios permitió que conociera a una joven colombiana. La primera vez que nos vimos ambas sentimos algo especial, era como si nos conocíamos desde hace mucho tiempo, pero lo que sucedía era que esa mujer también era y es una sierva de Dios. Ana se convirtió en mi hermana y amiga. Dios hizo una unidad, en nosotras muy especial. Era increíble de creer que viviendo las dos tan cerca, nunca nos habíamos encontrado, pero todo es en el tiempo de Dios.

Mi amiga Ana era para mí como un gran tesoro que yo acaba de encontrar. Nos visitábamos, orábamos juntas, cantábamos juntas, reíamos juntas, y llorábamos juntas. Pero llegó el tiempo donde mi esposo y yo tuvimos que mudarnos del apartamento en que vivíamos para mudarnos a nuestro nuevo hogar. ¿Saben algo? fue como empezar de nuevo otra vez. El pueblo donde nos mudamos era tan lindo como el anterior, parecía un sueño. Pero no conocía a nadie. A veces mis suegros me venían a visitar, pero ellos solo hablan alemán. Al principio no fue fácil, es horrible que alguien te hable y tú no entiendas a esa persona. Es horrible estar en medio de personas que no hablan tu idioma. ¿Saben cómo me sentía?

Como una cucaracha aplastada.

Tenía deseos de salir corriendo y dejarlo todo. Y Dios volvió a hacer silencio. Me hacía mucha falta predicarle a las almas. Predicar y ser una ganadora de almas y llegar a los lugares donde nadie quiere llegar, es mi pasión. Le lloré muchas veces al Espíritu Santo y le dije, que si Él y Dios no querían hablarme, pues que por lo menos permitieran que yo pueda entender a mis suegros cuando ellos vengan a visitarme. Aunque el Espíritu Santo no me dijo nada, estoy segura que me escuchó, porque empecé a entender a mis suegros cuando me hablaban. ¿Y saben algo? Solo con ellos puedo hablar alemán y entenderlo, pero con nadie más. Pero me estoy esforzando en aprenderlo, porque en nombre de Jesús sé que lo hablare, lo escribiré, lo entenderé, y un día lo traduciré.

El silencio de Dios continuaba, a pesar de la promesa que me había hecho. Él me había dicho que yo nací para predicar, y ahora me encontraba en el anonimato. Sentía que si no predicaba me moría. La pena y la tristeza iban acabar conmigo. Al dejar de predicar me sentí como cuando un paciente depende de una máquina de oxígeno y le quitan el oxígeno. Me sentía asfixiar. Hasta que un día le dije al Señor: "Ya basta Señor. Si tú no me abres una puerta para predicar, y si no me dices que estás conmigo a pesar de tu silencio, pues recojo mi ropa y me voy. Tú sabes que amo a mi esposo, pero no me volveré loca. Y si es el diablo que se está oponiendo a que las puertas se abran, pues hoy desafío al diablo a que se quite de mi camino en nombre de Jesús".

Nunca había sentido tanto coraje y tanto odio por el enemigo. Pero la guerra Espiritual que hice ese día, hicieron posible que ese mismo día me llamaran dos pastores que no me conocían para que fuera a predicar a su iglesia. Es increíble de creer lo que le voy a decir, pero cada invitación que ha surgido de predicar en este país, ha sido después de pelar una guerra Espiritual. Por muchas veces quise dejarlo todo y regresar a New York, pero cada vez que pensaba en hacerlo, el Señor intervenía y me decía que no, y que él tenía un propósito conmigo en este lugar. El Señor intervenía y me hablaba porque él sabía que en mi corazón no están las cosas materiales en primer lugar. Y que sí hubiera sido necesario aún decidir por el amor de mi esposo, o por el ministerio, pues por encima de lo que siento por mi esposo, siempre eligiera a hacer la voluntad de Dios. Recuerdo que cuando venían eso pensamientos de irme, el Espíritu Santo me decía: "Sandy si te vas, la gente no pensará que te fuiste por causa de la soledad, sino que pensaran que tu matrimonio no era la voluntad de Dios". Y satanás lo que quiere es que tú te desesperes y salgas corriendo.

Cuando el Espíritu Santo me ministraba, siempre terminaba convenciéndome. Solo puedo decirle que en el desierto árido por donde Dios me ha pasado, y por el horno de prueba que me ha permitido pasar, he sabido lo que es morir para que Jesús se forme en mí.

El silencio del Señor duró mucho tiempo. Hubo momento de gran desesperación. La depresión quiso tocar mis puertas, pero en el Nombre de Jesús tuve la victoria. Peleé cara a cara con el diablo. Hubo un momento donde quería dejarlo todo y volver a casa de mi hermana Isaile en New York. Supe lo que era experimentar el frío de la soledad. Y cuando clamaba a Dios, Él solo me decía que esperara en Él. Y aunque esa espera fue desesperante para mí, valió la pena. En ese tiempo tuve tantas experiencias y aprendí muchas cosas que el Señor quería mostrarme, pero sobre todo, sacó de mi corazón muchas cosas que ni yo misma sabía que estaban ahí. Cuando él hace silencio en nuestra vida es porque está trabajando en nosotros. Fue un tiempo al cual yo le llamo: "Un encuentro intimo con Dios".

El Señor no permitió que nadie interviniera ni que nadie me ayudara. Era una cita solo entre Él y yo. Quizás si le hubiera dicho a alguien, de mi sequía Espiritual, me hubieran dicho que eso era, porque me fui a Alemania, fuera de la voluntad de Dios.

El silencio de parte del Señor terminó, y empecé a sentir su presencia muy cerca de mí. Me envío varias veces a predicar a New York y a Florida. También me permitió conocer a unos pastores en Ámsterdam Holanda, y me dieron la oportunidad de predicar en la iglesia. Luego de eso me invitaron a predicar en una iglesia en Frankfurt, y allí tengo una familia en la fe cristiana.

El Señor me ha permitido hacer nuevas amistades, entre ellas conocí a los padres del esposo, de la hermana, de mi esposo. Ellos son de Turquía, no sé cómo nos entendemos en el idioma, pero Dios lo hace todo posible.

Aquí en Alemania hay mucho trabajo por hacer en la obra de Dios. No sabía cuan pobre es el evangelio aquí en Alemania, y se necesita de un gran avivamiento. Se necesita de hombres y mujeres que hagan avivar el fuego. Porque esta es una nación que necesita ver para creer. Pero sé que Dios hará proezas y maravillas en este lugar, y ciento en mi corazón que seré participe de ese gran mover de Dios.

Capítulo XIX

Ayuda
de los Angeles

Capítulo XIX

No olvidéis de la hospitalidad, porque por ella, algunos, sin saberlo hospedaron Ángeles. Hebreos 13:2.

Nosotros como cristianos estamos protegidos por Dios. No estamos solos, sino que tenemos la compañía del Señor y del Espíritu Santo. Pero también tenemos Ángeles que están a nuestra disposición para ayudarnos. Hay tropas de Ángeles cuidando nuestro hogar. Cuidando a nuestra familia y cuidándonos a nosotros mismo.

La Biblia nos dice en los libros de los Salmos 34:7. El Ángel de Jehová acampa alrededor de los que les temen, y los defiende.

Recuerdo que una mañana temprano estaba esperando el bus para ir de Manhattan al Bronx. Mientras esperaba que el bus llegara, vi a un hombre alto, moreno y robusto que venía caminando como a tres cuadra de distancia. El Señor me permitió ver la cantidad de demonios que poseían a ese hombre. Yo no podía evitar dejar de mirarlo, hasta que él levantó la mirada y vio que yo lo observaba.

Cuando él me vio, me dijo con voz fuerte: "yo te voy a destruir". Te voy a romper la cara". Aquel hombre empezó a caminar con rapidez para donde yo estaba.

Sentí que todo mi cuerpo se me erizó. No pude moverme, y el hombre seguía caminando hacia mí, y venía con sus puños cerrados. Al mismo instante que él fue a golpearme, sentí cuando alguien se metió en medio de los dos, y me echó a un lado. Yo no vi el Ángel que lo hizo, pero si sentí las manos del personaje que lo hizo. Al moverme, el hombre endemoniado perdió el equilibrio y cayó al suelo.

Vi que a ese hombre lo tenían boca abajo, con las manos cruzadas hacia atrás. El trataba de soltarse, pero quién lo tenía sostenido no le permitía ni siquiera moverse. Pocos minutos después venia un bus, y al hombre lo levantaron del suelo, alguien le seguía sosteniendo las manos detrás de su espalda, como cuando un policía lleva a alguien arrestado. Lo subieron al bus, y cuando el entró, volteó su mirada hacia a mí y me dijo: "Te voy a destruir".

Yo sé que fue el enemigo, que quiso hacerme daño a través de ese hombre endemoniado, pero no tengo duda de que ese personaje que me defendió era el Ángel del Señor. En la Biblia hay miles de promesas y todas ellas son para usted y para mí. La palabra del Señor dice que a sus Ángeles mandará cerca de ti, para que te guarden en todos tus caminos. Salmos 91:11.

Otra experiencia que tuve con los Ángeles fue el día que me dieron la noticia de que mi abuela de parte de padre había fallecido. Fue un golpe terrible para mí. Tan terrible que yo misma me sentía morir. Para mi ella era mi madre, porque fue la que me crío desde los dos meses de nacida.

El mismo día que recibí la noticia me fui al aeropuerto para ver si podía irme ese mismo día a la Republica Dominicana. Yo fui una de las primeras pasajeras que estaba en lista de espera. ¿Saben que paso? Todas las personas que estaban en lista de espera atrás de mí, consiguieron asientos para irse en ese vuelo, menos yo. Aun mi papá y mi tío que venían de Cleveland Ohio, a New York para luego volar hasta la Republica Dominicana encontraron espacio para irse en ese vuelo. Solo para mí no había, y yo había llegado primero que ellos.

Cuando vi que no pude irme en ese avión, sentí que mi alma se desplomaba en pedacitos. Quería ver a mi abuela por última vez aunque sea después de muerta. Comencé a llorar desconsolada. Nunca había experimentado un dolor tan profundo. No me importaba que la gente me estuviera mirando. ¡Me vi tan sola! Y lo peor de todo, no sentía la presencia de mi Señor por ningún lado. Mientras lloraba, se acercó un hombre a mí y me preguntó: ¿Por qué lloras? Le contesté que mi madre había muerto, y que yo pensaba irme en el avión que salió, pero que todo mundo consiguió asiento, menos yo. Él me dijo, no llores. Yo también tenía que irme en ese avión, pero me quedé a cuidarte". Yo como una niña pequeña, le contesté: ¿A cuidarme? ¿Por qué me vas a cuidar, si ni siquiera me conoces? Él me dijo: "Me mandaron a cuidarte". Yo no le puse mucha atención porque pensé que era una broma. Seguí llorando. Trate de ver si conseguía algún vuelo que volará a Santo Domingo, aunque sea haciendo escala en Miami o Puerto Rico, pero fue imposible. El hombre me acompañaba a todos lados.

Alrededor de las cuatro de la tarde él me dijo que yo necesitaba descansar, que no podía amanecer en el aeropuerto para esperar el próximo vuelo que salía en la mañana siguiente. Me dijo que me iba a rentar una habitación en un hotel para que descansara. El llamó a unos de los hoteles que quedaban cerca del aeropuerto, y a los pocos minutos se apareció un bus de lujo. Cuando íbamos de camino al hotel, un camión iba a chocar con el bus donde íbamos, y solo ese hombre fue que se dio cuenta a tiempo. Ese camión apareció de la nada.

Cuando llegamos al hotel, preguntaron que quién iba a pagar. El contestó que él pagaba la cuenta. Cuando le preguntaron su nombre, él dijo: "No puedo dar mi nombre. Ponga la habitación a nombre de ella". Cuando llegamos a la habitación, yo reaccioné y me dije a mi misma: ¿Sandy, acaso tú estás loca? ¿Qué haces tú en esta habitación con un hombre que ni siquiera conoces? El parecía que conocía mi pensamiento, porque me dijo: "No tengas ningún temor. Yo no te Hare daño. Haz de cuenta que yo soy tu padre".

Siguió diciéndome: "Tú necesitas descansar, porque te espera un largo día. Báñate para que te sientas mejor y luego te llevaré a cenar. No te puedes acostar sin cenar. Y me repitió: "no tengas miedo porque no te haré ningún daño. Estoy aquí para cuidarte". Sus palabras me hicieron sentir paz. Así que me bañe, me vestí, y nos fuimos a cenar al restaurante del hotel. Cuando volvimos a la habitación, él se sentó en la cama y yo me senté en un sofá, y me dijo: ¿te gustaría que te prenda el radio? Y le dije que sí, que por favor pusiera la emisora. Cuando mencione la palabra emisora, el termino de decir: "Radio Visión Cristiana".

Me sentí sorprendida, porque ¿cómo sabía que era eso lo que le iba a decir? Luego que puso la emisora me dijo que le hablara de mí. Le dije que yo era cristiana y le hablé un poco de mi testimonio. Todo esto él no lo hacía por casualidad. Él estaba tratando de distraerme para que no me acordara mucho de la muerte de mi madre- abuela.

Me acosté, pero a la media noche me puse muy mal. Me estaba muriendo. Vi mi alma que iba hacia arriba a una gran velocidad, y me cubría una nube muy blanca. Pero comencé a oír la voz del hombre que me decía: "No te puedes dar por vencida". A la misma vez podía oír a Radio Visión Cristiana, y el mensaje que estaban predicando parecía que era para mí, y también decía: "No te puedes dar por vencida. Dios no ha terminado contigo. Esta tormenta va a pasar, largo camino aun te resta". Cuando volví en sí, el hombre que estaba conmigo me abrazó fuertemente, y me dijo: "Tú no estás sola. No te des por vencida". Me dijo palabras tan bonitas que me quede dormida. Creo que si ese hombre no hubiera estado ahí conmigo, me hubiera muerto.

En la mañana temprano el me despertó y me dijo: ¡Despierta es hora de ir al aeropuerto! Cuando llegamos al aeropuerto me llevó a desayunar. Cuando terminamos de desayunar, le dije que nos fuéramos porque era casi la hora de ir a bordar el avión. Él me contestó y me dijo: "yo llego hasta aquí contigo. Solo me quede para cuidarte a ti. Ve en paz y todo saldrá bien". Nos despedimos, y cuando iba caminado me detuve para despedirme de él otra vez, pero el hombre ya había desaparecido.

A la semana de estar en la Republica Dominicana, yo salí hacer una diligencia, y cuando llegué a la casa, mi tía Neri me dijo que un hombre me fue a buscar, y que me dejó dicho que solo fue a visitarme para saber que todo estaba bien, que no estuviera triste. Él le dijo a mi tía que me dijera, que él era el mismo que me cuidó en el aeropuerto. Yo le pregunté a mi tía que si no le ofreció nada a él. Y ella me dijo que le preparó un jugo de naranja, y que después de tomárselo se fue. Después de esa experiencia me di cuenta que ese hombre era un ángel enviado del Señor. Si no hubiera sido un ángel ¿qué interés hubiera tenido ese hombre para quedarse cuidándome? ¿Por qué solamente él se dio cuenta del accidente que íbamos a tener camino al hotel? ¿Por qué no quiso dar su nombre cuando fue a pagar la habitación del hotel y en cambio pidió que pusieran el nombre mío? ¿Por qué no abuso de mí en esa habitación, sino que cada momento me repetía que no tuviera ningún temor, y que hiciera de cuenta que él era mi padre? ¿Cómo supo él, que la emisora que yo quería oír era Radio Visión Cristiana, si no le había dicho a él que yo era Cristiana? ¿Porque cuando me dio la crisis de nervios que me estaba muriendo, él me decía que no era tiempo de irme? ¿Cómo desapareció tan rápido del aeropuerto? ¿Cómo apareció en la Republica Dominicana en la casa de mi familia, si no le di la dirección? Entonces ¿que ustedes piensan? ¿Era este un hombre común y corriente, o de verdad era un ángel del Señor?

Debemos tener cuidado de como tratamos a los demás, porque sin darnos cuenta, la persona que usted menos piense puede ser un ángel. Ese hombre que yo conocí no tenía nada de especial. Era moreno claro, hablaba español, tenía barba y muchas prendas de oro.

Dice las Escrituras en Hebreo 1:14. ¿No son todos espíritus ministradores, enviados para servicio a favor de los que serán herederos de salvación? En el mes de Febrero del 2004, fui a la ciudad de Minnesota. Cuando estaba de regreso a New York, me perdí, porque el taxista me llevó al aeropuerto equivocado. Estaba angustiada porque el avión salía en una hora, y yo estaba perdida. Por más que preguntaba me daban la dirección equivocada. Cuando vi que paso la hora de abordar el avión, comencé a llorar, me sentí tan impotente. De repente como de la nada apareció un Señor alto, blanco, de pelo un poco canoso, y con unos ojos azules. Le pregunté que si el sabia donde quedaba la terminal de la aerolíneas de "Sun Country".

Me dijo que él también buscaba esa terminal que por favor lo siguiera. Me ayudó con mi maleta de manos y tomamos un bus para ir a la terminal. Cuando llegamos a la terminal había una fila inmensa. Yo sabía que mi avión se había ido. Cuando estaba en la fila, se apareció ese señor y me dijo que vaya al mostrador y que pregunte por mi vuelo. Yo le dije que no podía hacer eso, porque había otras personas esperando primero que yo. Él me dijo: "ve porque yo te envío. Deja tu maletas que yo te las cuido".

Fui y cuando pregunté por mi vuelo, me dieron una buena noticia. Ese vuelo fue suspendido en la mañana, para salir en la tarde. Me sentí tan feliz. Me fui a la sala de espera, y dejé al hombre, pero en mi corazón sentía que algo me quemaba. Había algo en ese hombre que me llamó la atención. Me puse a caminar para ver si lo volvía a ver, y para mi sorpresa chocamos frente a frente. Él se sentó unos minutos conmigo, y me preguntó qué estaba haciendo. Le dije que era predicadora, y que estaba escribiendo un libro. Me dijo que le hablara de mí, y empecé a contarle la historia de cuando el Señor me dio la oportunidad de volver a la vida. Yo no estaba segura de que el entendía lo que le decía, porque yo no hablaba mucho Ingles.

Le pregunté que si el entendía lo que yo le estaba diciendo, y me agarró las manos y me dijo: "Si entiendo perfectamente todo lo que me ha dicho. Predica y no te detengas". Yo me quedé en shock con esas palabras. Desde que él me dijo eso, se paró y se fue. Rápidamente miré para verlo otra vez, pero se había ido. Creo que era un ángel. Ese hombre apareció de la nada solo para ayudarme y darme ese mensaje. Son muchas las experiencias que he tenido con los ángeles. También cuando he estado ministrando, el Señor les ha permitido a otras personas ver ángeles a mi lado. A Dios sea la Gloria.

Es de gran gozo para mí poder compartir con ustedes cada una de estas experiencias que el Señor por su amor y su misericordia me ha permitido tener. Solo le pido que no dude y que confíe y crea que Dios puede hacer eso y muchas cosas más. Usted no está solo(a), tiene la compañía del Padre, el Hijo, el Espíritu Santo y de muchos ángeles a su deposición. El Señor te ama mucho y está mucho más cerca de usted que lo que usted se imagina. Recuerde que la biblia está llena de promesas de parte del Señor, y todas son para usted. Solo tiene que pedirla y creer que la recibirá.

Capítulo XX

Dios te llama a vencer, ejerciendo Su autoridad

Capítulo XX

Solo en el nombre de Jesús podemos ejercer toda autoridad contra el reino de las tinieblas. Ordenándole a todo espíritu del diablo que salga fuera en el nombre de Jesús. Las armas más poderosas que tenemos que usar son la oración, el ayuno, la alabanza, y la espada del Espíritu que es la palabra de Dios.

Cuando Jesús estaba en el desierto, el diablo vino a tentarle, y usó la misma escritura para tentar a Jesús; pero con la misma palabra el Señor lo venció. Mateo.4:10)

Nosotros en Cristo Jesús tenemos poder y somos más que vencedores. El Señor nos dio toda autoridad contra el reino de las tinieblas. La biblia dice que a los que creen: « En su nombre echaran fuera demonios ». Marcos.16:17. Crea que en el nombre de Jesús usted puede hacer grandes milagros. La palabra del Señor dice que como usted crea, así será hecho.

Lamentablemente hay personas que quieren ser libres, pero a la misma vez no quieren al que lo puede liberar. Le daré como ejemplo algunos casos que he conocido.

Un día me llamó una señora por teléfono y me dijo que por favor fuera a orar por una jovencita que estaba endemoniada; pero que el único problema es que ella no quería a Cristo". Personalmente creo que el problema más grande que una persona puede tener es rechazar al dador de la vida Eterna. Sin Cristo estamos perdidos. Sin Jesús la vida no tiene sentido. Él es quién lo llena todo.

Yo entiendo que una persona endemoniada por causa de la atadura no acepte al Señor; pero después que está libre, no hay excusa para no aceptarlo. La joven endemoniada cada día estaba peor, porque cuando oraban por ella su cuerpo quedaba libre, pero a la misma vez vacío, porque no le daba la oportunidad al Señor ni al Espíritu Santo para que entrara en su corazón. Entonces los demonios que habían salido de ella, andaban por lugares secos buscando reposo, y no lo hallaron y dijeron: "volvamos a nuestra casa de donde salimos, y cuando llegaron la encontraron desocupada, barrida y adornada. Entonces para hacer una fiesta mayor fueron y buscaron a otros Espíritus peores que ellos, y entrados moran allí. Y es por eso que el postrer estado de aquella persona viene a ser peor que el primero. San mateo.12:43-45).

Les aconsejo a todas aquellas personas que deseen ser libres de la esclavitud del pecado y de las manos del enemigo que busquen de Dios. Solo el Señor puede liberarte de cualquier atadura y opresión del enemigo. El Señor tiene poder para todo, pero lo único que no puede hacer es perdonar al hombre si no se arrepiente. Le daré otros ejemplos más.

Yo tenía un tío segundo que estaba muy enfermo y en su lecho de cama le presentaron el plan de Salvación. Mi tío quería aceptar al Señor, pero la esposa de él le dijo, que si se convertía al evangelio, nunca más contara con ella. Mi tío por temor a que su esposa lo dejara no quiso aceptar al Señor Jesucristo.

Aparentemente él se mejoró del quebranto que tenía, y el primer día que se fue a trabajar cayó muerto frente a la compañía de trabajo. Me llamaron a New York para darme la noticia de que él había muerto, pero no me dijeron que le habían predicado, y que él había rechazado al Señor por temor a su esposa.

Pasaron como dos años de su muerte, y esos días el Señor me mandó a retirarme en ayuno y oración por 5 días. Al tercer día del ayuno, estaba orando en la madrugada, y de repente sentí la presencia de alguien que se acercaba a mi habitación. Levante mi cabeza y vi a uno con semejanza de hombre que se acercaba a mí. Sus vestiduras resplandecían, y había alrededor de Él un resplandor de luz muy blanca y resplandeciente, pero a la misma vez la luz emanaba de Él mismo. ¡Él se acercó a mí y me dijo: Sígueme!

Yo no sé si me encontraba en la carne o en el Espíritu, pero lo que si se, es que el Señor y yo traspasamos el techo y íbamos volando para arriba como quién iba para el cielo, a una velocidad tan rápida como luz. Luego de llegar a un lugar en el espacio, el Señor me introdujo por un abismo muy oscuro, como con la forma de un embudo. Mientras más profundo entrabamos, más ancho se hacía. Después pasamos por un lugar donde había como montañas de piedras, aquel camino era horrible y temeroso. Al salir de ese lugar, el Señor me llevó a un lugar más profundo que tenía la forma como de un vientre. Allí se oían miles de gemidos de almas que se encontraban en ese lugar.

El Señor me había llevado al infierno. En el lugar donde estábamos era tan oscuro como un horno, y se oían unos bramidos como el mar cuando está en furia. Allí yo no vi fuego literalmente, pero si sabía que las almas o las personas que estaban gritando se estaban quemando y eran muy atormentadas.

Solo en el lugar donde el Señor y yo estábamos parados había un poco de luz, y era porque el Señor lo iluminaba con su misma presencia. El Señor estaba parado a mi lado, y me sostenía de sus manos. Yo le gritaba: "Señor, sácame de aquí. ¡Yo no soporto escuchar tanto sufrimiento! De repente, me vino a la mente el nombre del tío mío que había muerto, y le pregunte al Señor que si mi tío se encontraba en ese lugar.

El Señor me contesto: Si, él está aquí; y está aquí porque no quiso aceptarme. Yo le di la oportunidad de que se arrepintiera, pero no quiso, y por eso está en este lugar. Yo te he traído aquí, para que vayas y le digas a su familia, que si no se arrepienten, también vendrán a este lugar."

Después de eso, el Señor me llevó otra vez a mi habitación. Yo viaje a la Republica Dominicana y le di el mensaje a la familia. Ellos me testificaron que de verdad el Señor le había dado la oportunidad de convertirse, y él no lo quiso hacer. Más sin embargo, ante de cumplir un año de muerto, su viuda se casó con uno de sus amigos. Por eso yo le aconsejo a usted que no pierda su salvación por causa de nadie. Si nadie quiere irse con usted al cielo, no se vaya usted con nadie al infierno. Gloria a Dios que la mayoría de los hijos de mi tío le está sirviendo al Señor.

Nosotros como cristianos tenemos que tener mucho cuidado; y en todo momento debemos buscar la dirección del Señor. El Señor me ha dicho que tengo que tener cuidado a los lugares que voy, tener cuidado de quién me dejo poner las manos, y mucho cuidado a quién le pongo las manos. No podemos actuar con ligereza, sino con mucha precaución.

Años atrás fui a visitar a mi hermana Isaile a su trabajo. En el momento que llegué, ella estaba hablando por teléfono con una amiga desde Santo Domingo. Mi hermana me dijo, que orara por su amiga, pero en ese mismo instante el Señor me ministró por el Espíritu que no orara por esa persona. Yo no sabía qué hacer, porque mi hermana en Cristo estaba recién convertida, y no sabía cómo le explicaba que no sentía orar por su amiga. Pero fue tanta la insistencia de parte de mi hermana, que me puse a orar por teléfono por su amiga. Mientras estaba orando por ella, sentí una opresión terrible que estaba penetrando a mi cuerpo, sentí que el cerebro se me iba a explotar, al terminar de orar me sentí muy enferma. La otra persona que estaba en el teléfono se sintió libre y sentía que una carga de opresión se había ido de ella; pero lo extraño era que a pesar de ella sentirse bien después de orar por ella, no quiso aceptar al Señor Jesús.

Cuando le entregue el teléfono a mi hermana, le dije que tenía que irme porque me sentía muy mal después de haber orado por esa persona. Mi hermana me contestó que por la mujer que oré era bruja, era una sierva de satanás.

Cometí un grave error porque el Señor me dijo que no orara, y yo por complacer a mi hermana por poco me muero. Casi me volví loca, estuve en el hospital de emergencia, y lo peor de todo era que los doctores no encontraban ningún mal en mi cuerpo. El ataque que recibí fue diabólico, y por misericordia de Dios, y porque me humillé ante su presencia pidiéndole perdón por no obedecer su voz el Señor se apiado de mí.

En otra ocasión el Señor me advirtió que no dejara que todo mundo orara por mí. Y vino un pastor a la iglesia, y decía que se encontraba en 40 días de ayuno. Lo extraño de todo es que no se le notaba que en verdad tenía 40 días en ayuno, porque se veía bien robusto para tener esos días en ayuno. En mi Espíritu había algo que me hacía sentir que algo en esa persona estaba mal.

Yo le oraba al Señor y le decía: "Señor perdóname, pero hay algo en tu siervo que no me gusta." El pastor insistió que quería orar por mí, pero el Señor me había dicho que no permitiera que él me tocase. Pero su insistencia era cada día mayor.

Yo estaba viviendo en casa de mi hermana Isaile, y él le dijo a ella que sentía de ir a orar en su hogar. Yo le dije a mi hermana que él lo que quería era orar por mí. Ella me dijo que dejara que él orara, porque era un siervo de Dios y la oración no se le negaba a nadie. Yo pensé: "Esta vez no puedo complacer a mi hermana, porque la primera vez que la complací, lo pague muy caro."

El pastor llegó y comenzó a orar por toda la casa. Yo me mantenía de lejos en un rincón, porque conocía sus intenciones, pero en un descuido que estaba con los ojos cerrado, él fue donde yo estaba, y me puso una mano en la frente y la otra por la parte de atrás de mi cerebro. Y escuche la voz del Espíritu Santo cuando me dijo: "Quedaste enferma." Al mismo instante quedé con fiebre. A los tres días de tener la fiebre, sentí de llamar a un hermano de la iglesia para que orara por mí. Yo le dije lo que me había pasado, le pedí perdón al Señor, y al instante de ese hermano orar por mí la fiebre desapareció.

Yo he conocido muchas personas que me han dicho que quieren orar por mí porque el Señor le muestra que yo necesito liberación, y porque hay maldiciones que quebrantar. Pero yo considero que así como un ciego no puede guiar a un ciego, tampoco un atado puede desatar a otro que este atado. No lo digo por la persona que quiera orar por mí, lo digo por mí misma, porque si yo estuviera atada, el Señor no me mandaría a desatar en su nombre a otros que se encuentran atados.

Creo que no solamente debemos tener cuidado a quién le ponemos las manos para orar, y de quién nos dejamos poner las manos para que nos ministren, sino que también debemos tener cuidado a los lugares que frecuentamos sin ser enviado por el Señor. Recuerdo que una vez una amiga y hermana en Cristo me invitó a estar unos días en su casa. Yo acepté con mucho gusto y me fui a su hogar sin consultarle al Señor si esa era su voluntad.

La primera noche de estar en la casa de mi amiga me puse a orar antes de acostarme. Me acuerdo que me quedé dormida de rodilla en un sofá que había en la habitación, de repente fui despertada por fuerte golpe que escuché en la puerta de la habitación. Cuando levanté la mirada había un demonio parado frente a la puerta, y con autoridad me preguntó: ¿Qué haces tú aquí? Yo le dije: Yo soy la que te pregunta a ti ¿qué haces tú aquí? El me contestó y me dijo: ¡Tú estas en mi terreno! Yo no podía creer lo que estaba oyendo. ¿Cómo este demonio me va a decir a mí que yo estaba en su terreno, si estaba en la casa de mi amiga y ella era cristiana?

Aquel demonio era alto, moreno, tenía figura como de hombre, pero a la misma vez su cuerpo lo tenía lleno de pelos semejantes a los pelos de mono. Aquel demonio se lanzó sobre mí, y me echó mano por mi cuello y comenzó apretarme fuertemente la garganta. Créanme que me estaba asfixiando. Yo no podía pelear con él. Comencé a clamar al Señor en mi mente, a pedirle que me ayudara porque me estaba asfixiando. De repente me sentí fortalecida. Sentí que alguien había tomado posesión de mis manos, porque sentía mis manos tan grandes como la de un gigante, y también comencé a apretar fuertemente el cuello de aquel demonio. Los dos nos mirábamos a los ojos. Ni el cedía, ni yo tampoco. Me acuerdo que poco a poco, los dos estábamos cayendo al suelo, y él me soltó y me dijo: "Esta vez me venciste, pero nos volveremos a ver".

Yo no sé si estaba en la carne o en el Espíritu, pero lo que si se es que esa pelea fue real. Quede sin fuerza y amanecí orando. En esa misma semana me llamó una hermana cristiana para darme un mensaje de parte del Señor, y el Señor me dijo a través de ella: ¿A quién le pediste permiso para irte a ese hogar? ¿A caso te envié yo? créanme que el Señor me amonesto fuertemente.

Ustedes se preguntaran: ¿Si esa hermana era cristiana, porque ese demonio decía que esa era su propiedad? Muy simple, ella estaba en fornicación. No olvide que si usted les abre puerta a los demonios ellos van a entrar y van a tomar posesión de todas las cosas que usted le ceda.

La intercesión salva vidas

Amados hermanos ustedes tienen el poder de Dios en su vida. Hace más de 2000 años el Señor nos lo dio. Usen la espada de poder, busquen el rostro de Dios en oración. La oración es la espada que corta y destruye todas las asechanzas del maligno tentador.

Al principio que empecé en el evangelio, yo no sabía orar y cuando oraba era egoísta en la oración. Solo me enfocaba en mis problemas y en mis necesidades. Pero un día le dije al Señor que yo quería ser una adoradora, una intercesora y una guerrera de oración. ¿Saben algo? Las intercesiones han salvado vidas.

Un día como a la cuatro de la tarde estaba cocinando, y el Señor me dijo: "Clama por tu doctor." Yo decía, ¿pero para que voy a orar por mi doctor ahora, si él debe estar trabajando? Pero sentí una angustia tan grande que apague la estufa y me puse a orar; entre en agonía en la oración, sentía dolor en mis entrañas, sentí tanta desesperación que estaba sudando, pensé en parar de clamar, porque a la misma vez, se sentía como si el cielo estaba cerrado, pero yo sabía que no podía ceder, hasta que no sintiera paz. Cuando sentí la paz del Señor dejé de orar y seguí cocinando.

Al día siguiente el doctor me llamó para decirme algo de un análisis que él me había hecho. En la conversación le pregunté que si el tenia carro, y me dijo que sí, pero que lo tenía en el mecánico porque había tenido un accidente.

Él me dijo que estaba vivo de milagro porque el carro quedó completamente destruido. Yo le pregunté que cuando sucedió ese accidente y que a qué hora sucedió; y me dijo: "Ayer como a las cuatro de la tarde." ¡Yo me quedé sin palabras! porque sucedió en el momento en que el Señor me mandó a interceder por él. La oración y la intercesión le salvaron la vida a mi doctor.

Yo le testifiqué a él de como el Señor me había mandado a interceder por él. Mi doctor quedó sorprendido y me decía que nunca se había imaginado que Dios lo amaba tanto, ni mucho menos que tuviera interesado en él. Ese doctor sabía que Dios era real, pero nunca nadie le había dicho a él, que Jesucristo le amaba y que él era importante para Jesús. Amados cada vez que ustedes tengan la oportunidad de hablar con alguien dígale con amor: ¡Cristo te ama!

Cuando el Señor le inquiete a orar, no importa la hora que sea, por favor obedezca, porque usted no sabe de lo que Dios quiere librarlo, o que quiere mostrarle, o que vida aun de su propia familia él quiere salvar.

Una noche el Señor me levantó y me puso a interceder por mi abuelo de parte de padre. La intercesión fue tan profunda que mi ropa se podía exprimir del sudor, y las únicas palabras que salían de mi boca eran: "demonio de muerte, te ordeno que no toques a mi abuelo; muerte en el nombre de Jesús aléjate de él."

Yo sentía que estaba peleando por la vida de mi abuelo. La intercesión fue tan grande que amanecí la noche completa clamando por él.

Me preguntaba, ¿por qué será que el Señor me puso a clamar así por mi abuelo? Y dije "voy a llamarlo para saber cómo está el". Cuando llame a la Republica Dominicana, le dije al esposo de una prima mía que me comunicara con mi abuelo; y él me contestó, que si yo no sabía lo que había sucedido. Le pregunte, ¿Que pasó? Y me dijo, a tu abuelo lo internaron anoche de emergencia, porque se intoxicó con un pescado. Yo estaba sorprendida, y ahí entendí por qué en la intercesión estaba peleando con un demonio de muerte por la vida de mi abuelo.

Mi abuelo dijo que esa noche, él vio a un demonio que lo fue a buscar, pero que de repente vio a otro personaje que no dejó que el demonio se acercara a la cama. Cuando sucedió eso, mi abuelo no le había dado su corazón al Señor, pero el Señor en su fidelidad, le salvo la vida. A veces pienso que si no hubiera obedecido al Señor cuando me dijo que orara por mi doctor, y por mi abuelo, algo terrible hubiera pasado con esas vidas, y yo sé que el Señor lo iba a demandar de mí.

Amados hermanos si todavía usted no sabe cuál es el ministerio que Dios tiene con usted, no se preocupe, no se desespere que muy pronto Él se lo vaya a revelar. A veces soñamos con ser alguien famoso, un evangelista famoso de renombre, pero usted también puede ver sus sueños hechos realidad en las manos de Dios.

Muchas veces le decía al Señor que soñaba ser una evangelista como su sierva Katheryn, pero entendí que el Señor ya tuvo a una Katheryn. Ahora el necesita a una Sandy que se deje usar por Él, de la misma manera que u Él usó a su sierva, y que ella se dejó usar por él, también te necesita a ti, y desea que usted se deje usar por él. Amados hermanos se necesitan obreros de valor que trabajen en la obra del Señor. La mies es muchas y los obreros son pocos. Se necesitan soldados para la batalla. Esta batalla hay que pelearla y la victoria tenemos que ganarla. Hay que derribar todas las fortalezas del diablo. Dios nos está llamando a derribar muros.

Es cierto que hay un pueblo que llora. Hay un pueblo que gime. Hay un pueblo que se siente oprimido. Pero hay buenas noticias. Dios no ha dejado a su pueblo. El Señor te dice: "Tu eres el pueblo que yo escogí, tú eres mi iglesia, tú eres mi hijo(a). Yo no te dejaré.

Yo no me he olvidado de ti.

El Señor quiere que te levantes y enciendas la antorcha. ¿Cuál Antorcha? ¡La antorcha de la victoria! Empieza a tocar trompeta de júbilo. Empieza a tocar la trompeta de guerra y que suenen las trompetas de victoria.

Yo estaba en un ayuno de siete horas diarias por cuarentas días, y una mañana temprano, la presencia del Señor me visitó, y me dijo: "He empezado a limpiar la inmundicia de mi pueblo. He empezado a limpiar los altares. Estoy llamando a mis ministros a humillarse. No a humillar las rodillas, sino a humillar su corazón. Y me dijo, dile a mi pueblo que exijo la santidad y la unidad, porque Él no viene a buscar un pueblo dividido, sino una iglesia unida.

El Señor seguía diciendo: Yo quiero bendecir a mi pueblo como lo he prometido. Pero hay vasijas sucias que están impidiendo que la bendición sea derramada completamente. Vasija sucia de adulterio, de fornicación, de celos, de envidia, de chisme, de contienda, de raíz de amargura, de mentiras, de hipocresía, de descontentos, de rebeldía, y muchas otras cosas más.

Oh amados hermanos es hora de humillarnos. Es hora de arrepentirnos de corazón. Es hora de consagrarnos a Dios en Espíritu y en verdad. Es hora de mojar los altares con lágrimas de arrepentimiento. Es hora de buscar la presencia de Dios. Es hora de dejar que el Señor nos limpie y nos purifique en alma cuerpo y Espíritu.

Para obtener la victoria hay que ser guerrero. Hay que ser muy valiente. Hay que ser decidido. Hay que mantenerse firme. ¿Firme en qué? Firme en lo que Dios te ha dicho que hagas. Firme en lo que tú ha creído que Dios va hacer en tu vida. Firme en tus convicciones. Firmes en tus decisiones. Firmes en la batalla.

Oh amados aunque muchas veces te sientas derribado por las presiones del enemigo, recuerda que tú no estás destruido. Al contrario, Dios te ha llamado a destruir toda fortaleza del enemigo.

Tú eres un guerrero. Tú eres un vencedor desde que te formaste en el vientre de tu madre. ¿Sabes porque? porque son millones y millones de espermatozoides que se encuentran en el esperma del hombre ,y solo uno de ellos, y muy rara vez dos o tres, son los que pueden entrar y hacer contacto con el óvulo de la mujer. Solo uno puede lograrlo, y tiene que ser muy rápido, y muy inteligente para lograrlo. Usted era uno de ellos. Usted fue el más rápido y el más inteligente. Usted fue el vencedor entre tantos millones. Dios le dio el privilegio a usted de que usted fuera el ganador, y hoy está en este mundo en el cual hay muchas competencia, pero con la ayuda de Dios, usted puede seguir siendo un ganador.

Si quieres tener la victoria, no te canses de tratar de conseguirla. La victoria la da Dios, pero Él se la da a quiénes se esfuerzan. Los que no quieran esforzarse y quieran salir corriendo que lo hagan. Lo único que encontrarán en la vida será fracaso. Pero usted siga peleando la victoria, aunque las pruebas, los sufrimientos, el dolor, la traición y el fracaso te hieran. Cuando hay una competencia, los premios se lo dan a los competidores después de haber participado en la carrera. No se lo dan antes de empezar, ni se lo dan a mitad de la competencia. Y el vencedor recibe el premio después de muchos sufrimientos, después de mucho dolor y trabajo, después de mucho esfuerzo. Sigue adelante porque la victoria puede estar a la vuelta de la esquina. No te canses de obtener la victoria, porque para ti es, y tienes que alcanzarla. Pelea tu bendición como lo hizo Jacob.

Dice la escritura que Jacob luchó con varón hasta que rayaba el alba. Y cuando el varón vio que no podía con Jacob, tocó en el sitio del encaje del muslo de Jacob, y se descoyuntó el muslo de Jacob mientras luchaba con el ángel. Y dijo déjame, porque raya el alba. Y Jacob le respondió: No te dejaré, si tú no me bendices. Génesis. 32: 24-26.

Jacob peleó la noche entera con ese varón. A él no le importó el tiempo, ni el lugar. A Jacob no le importó el dolor que sentía al tener la pierna descoyuntada. A Jacob no le importaba que lo desbarataran completo. Él se había propuesto ser bendecido y no iba a perder su bendición por nada ni por nadie, aunque eso le costará su propia vida.

Así nosotros tenemos que luchar por nuestra bendición. A veces las cosas no resultan tan fáciles de obtener, pero el que persevera y el que pone su fe en Dios alcanza a obtener lo que desea en su corazón. En el libros de los Salmos Capítulo 37: 4 dice: Deléitate Asimismo en Jehová, y él te concederá las peticiones de tu corazón.

No te desanimes por las cosas que acontezcan, ni por los comentarios que digan de ti. El enemigo tratará de buscar la manera de desanimarte, de hacerte sentir con las manos atadas. Y usará a quiénes menos te imaginas para hacerte la guerra, pero no te preocupes, eso es parte del proceso por el cual tú tienes que pasar. Mientras tanto avanza que la victoria está en tus manos. No te detengas aunque veas las cosas imposibles. Recuerda que las cosas posibles la podemos hacer nosotros, pero las imposibles las resuelve el Señor.

Cuando tengas un caso difícil en tus manos y no sepas que hacer, hazte esta pregunta: ¿Que haría y diría el Señor Jesús si estuviera en mi lugar? Y lo que usted crea que el haría, eso hazlo tú.

Sea fiel al Señor y Él le recompensará y no le dejara en vergüenza. Usted ha sufrido mucho. Pero eso sufrimientos no se comparan con los grandes galardones y las grandes bendiciones que Dios tiene para usted.

Amados hermanos(a) enfócate en el presente, y en el maravilloso futuro que Dios tiene para ti. Deja que Él sane tus heridas provocadas en el pasado; sal de ese círculo vicioso en el cual te encuentras; no te quedes atrapado(a) en el pasado; lamentándote de todas las cosas que te hicieron o que tal vez pudiste hacer, y que no las hiciste. No permitas que el pasado destruya tu presente, y arruine tu futuro. Entrégale al Señor tu pasado, tu presente y tu futuro; y Él se encargará de hacerlo obrar, para bien en tu vida, y para bendición en la vida de muchas personas que te rodean.

Enfócate en el Señor y en los planes que él tiene para ti. La salvación vale mucho. No la pierdas por nada. Si te encuentras descuidado o apartado del Señor vuelve al camino del Evangelio. Fuera de Dios no hay nada. Estamos casi llegando a la meta final. Cristo viene pronto.

Es cierto que en el Evangelio hay muchas personas dando mal testimonio. Es cierto que hay muchos hipócritas. Es cierto que hay muchos habladores. Es cierto que hay muchos mala paga. Es cierto que en el evangelio aparecen todas clases de personas. Pero también le aseguro que en el único lugar donde usted encontrará personas más sinceras, más honestas, y más temerosas de Dios, es en el Evangelio.

Busque del Señor y no ponga su mirada en el mal testimonio que muchos cristianos le han dado. Que eso no sea una excusa para usted no querer buscar del Señor. Si alguien le ha dado mal testimonio, entonces busque usted del Señor, y enséñele a esas personas como debe ser un buen siervo del Señor, pero no siga buscando ninguna excusa, y es mejor que empiece por dar el ejemplo.

Recuerda que para lo que aman al Señor, todas las cosas le ayudan a bien, esto es, a los que conforme a su propósito son llamados. Romanos 8:28

Capítulo XXI

Desde el Vientre de tu madre

Capítulo XXI

"Desde el vientre de tu Madre te llamé, te escogí y te puse nombre". Isaías 44:2

Casi todos los días escuchamos las noticias de niños que pierden su vida, o de madres que abortan o simplemente los dejan abandonados como algo inservible.

Niños que quizás no eran deseados por sus padres en ese momento y que no tenían la culpa de haber nacido. Niños indefensos sin poder defenderse, dependiendo de un milagro y de la misericordia de Dios para poder sobrevivir.

Muchos niños se convierten en víctimas de sus propios padres. Padres que los maldicen, le dicen que su nacimiento fue un error, que nunca debieron nacer y que no sirven para nada. Lamentablemente esos niños y niñas crecen con una autoestima muy baja, llenos de complejo de inferioridad, sintiéndose inseguros de sí mismo y heridos emocionalmente.

Niños y niñas que sufren por la ausencia de los padres, porque muchas veces ellos se ven en la obligación de dejar a sus hijos con algún familiar, para irse en busca de un mejor futuro. Pero durante la ausencia de los padres, esos niños son abusados, maltratados, heridos emocionalmente, y crecen con un profundo vacío dentro de ellos. Un vacío que tiene un nombre llamado "ausencia de papá y mamá".

Niños que luego son adultos, y que no encuentran un significado a su vida, y se lamentan todos los días preguntándose: ¿para que nací? y culpan a Dios por su dolor; culpan a Dios por su fracaso. Niños, Jóvenes y adultos, que tienen que recurrir a las drogas, el alcohol. Otras veces al lesbianismo, el homosexualismo, a la prostitución, y a muchas cosas más. ¿Cuál es la causa? porque no saben qué hacer, ni adonde ir, para encontrar una razón a su vida.

Porque solo desean una migaja de afecto y al no encontrarlo en su hogar se van a la calle a buscar ese afecto en los lugares equivocados y en los brazos equivocados, y muchas veces la solución más fácil que encuentran es el suicidio.

Niños y niñas violados, y que después de adultos no pueden tener una vida normal ni una familia estable.

En el mundo hay muchas personas que han vivido una vida llena de dolor. Gentes que no pueden olvidar los maltratados que recibieron. Maltratos verbales, emociónales, físicos y sexuales, maltratos causados, aún por muchos de su propios familiares. Cuantas personas aún lloran amargamente preguntándose: ¿Por qué papá y mamá no me quisieron? quizás usted sea uno (a) de las personas que a diario se hacen esta pregunta.

Pero quiero decirte que aunque tus padres no te hayan querido.
Aunque no te hayan deseado. Había alguien, que desde antes de que tú nacieras, pensaba en ti. Estando en el vientre de tu madre, te guardó no importando la debilidad de su cuerpo.

Hubo alguien que no permitió que tu madre te abortara o que te matara en su vientre.
Quizás aún los doctores decían, que tú no podías nacer o tal vez tu padre dejo a tu madre abandonada, y por desesperación, ella tomo la decisión equivocada. Quizás tus padres te dejaron para

irse en busca de obtener una mejor vida, y así ofrecerte un futuro mejor, sin darse cuenta de lo mucho que tú ibas a sufrir, y en su ausencia, te sentiste solo y abandonado(a). Pero hubo alguien que siempre estuvo contigo y nunca te abandonó, porque Él pensaba en ti y en los propósitos por el cual te formó en el vientre. Ese alguien se llama, Jesús.

Quizás eres una persona joven, o tal vez ya formaste una familia, o te encuentras con una edad avanzada; pero aun sientes dolor por lo mucho que sufriste, y el pasado doloroso te sigue persiguiendo como si fuera un fantasma. Pero así te dice el Señor, hacedor tuyo, el cual te formó desde el vientre, el cual te ayudará; no temas siervo(a) mío, porque yo te escogí".

Puede ser que cuando te formaste en el vientre de tu madre, tus padres no estaban planeando tenerte y creciste en medio de una familia para lo cual tú, eras lo peor, y eras un miembro más que nadie tomaba en cuenta. Aun cuando tú te esforzabas por hacer las cosas bien, nadie lo tomaba en cuenta. No valoraban tus esfuerzos y cuando algo salía mal, ¡cuántas maldiciones te echaban y cuantos rechazos llegaste a recibir!

Tal vez muchas veces te comparaban con otras personas, haciéndote sentir insignificante. Quizás recibiste muchos maltratos, y tal vez fueron muchas las injusticias.

Puede ser que de todos tus hermanos y hermanas, del que menos esperaban algo era de ti.

Oh, pero aunque nadie te tomaba en cuenta, hubo alguien que había fijado su mirada en ti, y Él te dice: Aunque tu padre y tu madre te abandonen, con todo yo te recogeré. Aunque todos te maltrataron. Aunque todos te menospreciaron, el Señor veía el potencial que había en ti, y sin darte cuenta, desde tu niñez, Él te estaba moldeando y te estaba preparando.

No era tu familia la que no quería saber de ti, sino que el mismo diablo quería destruirte; porque él sabe lo importante y lo mucho que tú significas para Dios.

Hoy el Señor te dice: Yo soy tu creador. Yo soy tu formador. Antes de que tú nacieras ya te había puesto nombre, y mío eres tú. Yo soy Jehová tu Dios. Yo soy tu salvador. Y en mis ojos fuiste y eres de gran estima. Ere honorable y yo te amo.

Aunque tú no me conocías, te guarde en todo momento. No deje que el diablo te tocara. Yo te acariciaba en esos momentos de tu niñez. Muchas veces te preguntabas: ¿Dónde está el Señor? Si tú existes, ¿Dónde estás Dios? Pues cuando te castigaban, yo estaba ahí contigo. Cuando te hirieron con palabras ofensivas, yo estaba ahí contigo. Cuando te acusaban de cosas que tú no hacías, yo estaba ahí contigo. Cuando te portabas mal, yo estaba ahí contigo. Cuando tú llorabas, yo estaba contigo consolándote. Cuando abusaron de ti, también yo lo vi. Cuando intentaste suicidarte por causa de aquel dolor tan grande que te provocaron, también estuve ahí. Cuando intentaron matarte, yo estuve ahí, y mis manos te guardaron."

Dice Isaías 44:21. Acuérdate de estas cosas, porque mi siervo eres tú y yo te forme; siervo mío eres tú. El Señor en su palabra dice, Israel no me olvides; pero en este momento él te dice a ti: ("No me olvides") porque yo deshice como nubes tu rebeliones y como nieblas tus pecados. Vuélvete a mí, porque yo te redimí.

Desde el vientre de tu Madre, el Señor te escogió y no te desechó. ¿Por qué te siente sola(o) porque te sientes tan poca cosa? ¿Por qué esta tú autoestima tan baja? ¿No sabes que lo que te hace ver bonita(o) es la gracia de Dios en tu vida? el Señor es tu Dios que siempre te ayudara. Él te ama tal como eres. No te eligió por tu cualidades, ni por tu intelecto, ni por la hermosura que pueda haber en ti. Dios simplemente te ama tal como eres. Tú que te preguntas ¿para qué, nací? El Señor te formó en el vientre de tu madre para que seas su siervo(a) y él te guardó y dio la orden de que tú nacieras, porque en ti va a glorificar su santo y bendito nombre.

Sé que muchas veces fuiste golpeado(a) por la vida, y aunque tienes tu familia aún quedan recuerdo dolorosos en tu memoria. Quizás en esto momentos la relación en tu matrimonio no marcha bien y quizás ha pasado el tiempo y tu esposo(a) no valora tu esfuerzos, ya no te dice cosas bonitas, ni agradables, te has sentido fea(o) y poco atractivo(a), y te duele cuando te maltrata verbalmente, y aun el respeto, el amor y la confianza se ha perdido y por más que te has esforzado, no vez ningún resultados positivo a tu situación. Y ya sientes que no soportas más.

Dios también está mirando esa situación. Él sabe cuánto te han dolido esos golpes verbales y físicos que tú has recibido, pero hoy el Señor te dice a ti mujer y a ti hombre. "Pobrecito (a) fatigado con tempestad. Yo fundiré tú piedra como el carbunclo". Y te promete que ninguna arma forjada contra ti prosperará, y condenará toda lengua que se levante contra ti en juicio". Isaías 54:11, 17.

Dale gracias al Señor por la vida que te ha dado, porque desde el vientre de tu madre te escogió. Tú has pasado por momentos difíciles. Puede ser que en estos momentos no tengas dinero, no tengas trabajo, pero no permitas que nada de eso te quite el gozo, no permitas que las cosas pequeñas te quiten el gozo, porque los que aman a Dios siempre tienen un gozo inefable.

La última palabra en tu vida no las tienen las circunstancias difíciles por las cuales tú estás pasando en este momento. No importa si es escasez económica, si es alguna enfermedad, o si el enemigo se ha levantado contra ti. Tu vida no depende del hombre, ni de un diagnóstico médico, tampoco depende de la palabra de un juez terrenal, ni de las opiniones que los demás puedan tener de ti. La última palabra en tu vida la tiene Dios y el cumplirá su propósito en ti.

Dios es quién conoce lo más íntimo de ti; aun cuando tu palabra no está en tu boca, Él, la conoce. Él es el Dios que prometió terminar la obra que empezó en ti. Por más que el diablo maquine contra ti; las fuerzas del infierno no prevalecerán contra ti.

Nuestro Dios, a pesar de todas las veces que le hemos fallado, ha mandado sus ángeles a guardarnos. Él ha visto tu lucha, ha visto tu dolor, ha visto las fuerzas del infierno tratando de destruirte, pero Dios ha metido sus manos y le ha dicho al diablo, que a los de Él, nadie se lo va arrebatar de sus manos y tú estás esculpido en las manos de Dios. El Señor no dejará que ninguna fuerza del mal te destruya, porque desde el vientre de tu madre te escogió.

El Señor cuida de nosotros aun sin haber nacido y es quién nos ayuda hacer las cosas cuando no tenemos las fuerzas necesarias para hacerla y en medio del dolor, la tristeza, y la soledad, él te dice: Clama a mí que yo te responderé". Isaías.33:3

Hay muchas historias en la biblia acerca de los grandes hombres que Dios usó, pero que en algún momento de su vida, desearon morirse. Uno de ellos fue el profeta Jeremías. En el Capítulo 20:14 del mismo libro de Jeremías, vemos como el maldice el día que nació. Jeremías se quejaba y se lamentaba de haber nacido, pero la repuesta a su queja se encontraba en el mismo libro de Jeremías Capítulo 1: 1. Donde Dios le hace un llamado y le dice: Jeremías antes que nacieras, te santifiqué y te di por profeta. Así como Dios tenía planes con la vida de Jeremías desde ante de nacer, así también tienes planes con mi vida y con tu vida.

No importa cómo está tu condición en este momentos, no importa lo que tu hayas sufrido, ni las veces que quizás le ha dicho a Dios como un día le dijo el profeta Jeremías: "OH, Dios quítame la vida". El Señor va a terminar la buena obra que empezó en tu vida.

Hay momentos difíciles en que sentimos que no podemos seguir adelante y nos decimos a nosotros mismos: "Yo no puedo más". Es como si perdiéramos las perspectivas de las cosas maravillosas que Dios tiene para nosotros y de las grandes promesas que Él tiene para aquellos que esperan y confían en Él.

Puede ser que en estos momentos te sientas como un día, se sintió el profeta Jeremías, desanimado, herido, solo, traicionado, rechazado, burlado, y despreciado.

Jeremías en su desesperación dijo, que no se acordaría más de Dios, ni siquiera hablaría en su nombre. Tal vez por lo mucho que tú has sufrido, has renegado de Dios, y si, eres cristiano puede ser que hayas pensado en dejar de ir a la iglesia, en dejar de predicar, en renunciar al ministerio que Dios ha puesto en tu mano, y te quejas de no ver las promesas de Dios cumplirse en tu vida.

El único que quiere hacerte creer que tú no vales nada es satanás y él quiere que tú creas que todos tus sufrimientos son porque no le importas a Dios. El enemigo quiere que tú creas que tu trabajo en la obra del Señor ha sido en vano y que nadie va a valorar las cosas que tú haces. Pero recuerda que todo lo negativo que el enemigo quiere ministrar a tu mente es lo contrario de las cosas que Dios piensa de ti. Pero el Señor te está preparando para que tú recibas todas las cosas que Él tiene reservada para ti.

Dios ha puesto un potencial muy grande en tu vida y tú debes desarrollarlo, y eso el enemigo lo sabe, y hará todo lo posible para que tú no te desarrolles en lo Espiritual ni en lo secular, ni pueda reconocer la alta posición que tenemos en Cristo Jesús Señor Nuestro.

Ha llegado el momento de que te levantes en el nombre de Jesús y te sacudas del polvo de la depresión, y proclames victoria en tu vida en el nombre de Jesús.

Párate firme y habla palabra positiva y dile al enemigo: "diablo todavía no estoy vencido, porque yo sé que mi redentor vive y aunque mi carne y mi corazón estén desecho, en Dios esperaré".

Amados, Dios no te fallará. No huyas de Dios, porque a donde quiera que te metas, Dios te alcanzará. Pero ¿a dónde podemos escondernos de la presencia de Dios?, ¿no te das cuenta que tu has sido escogido desde el vientre de tu madre para predicar las buenas nuevas de salvación? ¿Para llevar libertad a los cautivos? ¿Para libertar a los oprimidos? ¿Para sanar a los enfermos? ¿Para quebrantar los poderes de la tinieblas? Dios quiere hacer la diferencia en tu vida y quiere levantar hombres y mujeres genuinos que se dejen usar por El. ¡Y tú eres uno de ellos!

Si tú has pasado por diversas pruebas y no sabes por qué has sufrido tanto, déjame decirte que esas pruebas y esos sufrimientos que Dios ha permitido en tu vida, son parte de la preparación. Dios, a través de las pruebas nos moldea el carácter y nos fortalece las emociones, nos quita aquellas cosas que Él no ha plantado y pone aquellas cosas que nos hacen falta.

El Señor está preparando un ejército de hombres y mujeres valientes, con visión Espiritual. Hombres y mujeres que no permitan que el pasado le dicte lecciones, que no permitan que el pasado destruya su presente, ni arruine su futuro. Dios busca hombres y mujeres valientes dispuestas a esforzarse. ¿Qué es esforzarse? Es traspasar los límites de nuestras fuerzas. Dios busca adoradores que se rindan a él

Dios busca intercesores dispuestos a estar siempre en la brecha. Dios busca guerreros que hagan retroceder el poder de las tinieblas. Porque cuando la iglesia avanza, el poder de la huestes satánicas tienen que retroceder.

Y tú eres la iglesia. ¿Quieres ser uno de esos hombres y mujeres que el Señor busca?, la repuesta dásela personalmente al Señor.

El propósito del Señor en tu vida es hacer cosas grandes a través de ti, para que vayas por las naciones proclamándole al mundo las grandezas y las maravillas que Dios por su amor y misericordia ha hecho contigo. Y muchas gentes al escuchar tu testimonio van a recibir una semilla de fe y de esperanza, porque van a creer en su corazón, que así como Dios ha tenido misericordia de usted, también puede tener misericordia de ellos.

Capítulo XXII

Una palabra
de despedida

Capítulo XXII

Antes de continuar con el último tramo quisiera darles las gracias a todas aquellas personas que han tenido el tiempo y la paciencia de leer cada capítulo.

Cualquier cosa que no entiendan pregúntenle al Espíritu Santo y díganle que les de la revelación. Solo le puedo decir que el mundo espiritual es mucho más real que el mundo natural en que vivimos. Le amo mucho, y le pido sus oraciones. Quiero exhórtales que por favor, no sigan viviendo en el pasado.

Usted no puede cambiar su pasado, pero si puede hacer que su presente sea distinto, y con la ayuda de Dios, usted tendrá un futuro bueno. Si decide poner su vida en las manos de Dios, aun ese pasado doloroso que usted vivió, Dios puede hacerlo obrar para bien. Copie de las cosas positiva que usted ve en los demás, y si no tiene nada que copiar de ellos, incluyendo a su familia, entonces copie de sus errores para que usted no vuelva a cometer los mismos errores que ellos han cometido.

Muchas personas se han refugiado en los calmantes para ahogar sus penas y poder descansar, y se están dejando dominar por los nervios. Personalmente a mí, los nervios casi me destruyen, y aunque para la ciencia médica yo tenía que depender de las pastillas que me daban los psiquiatras, y aunque ya me encontraba adictas a ellas, un día dije que no iba a depender nunca más de esas pastillas, lo propuse en mi corazón y con la ayuda de Dios lo logré. Me propuse, a que ningún diablo, ni ningún pasado me iban a destruir mi presente ni mi futuro. Porque todo lo puedo en Cristo que me fortalece. Él es mi presente y es mi futuro.

Salir adelante no fue fácil, por poco creí que no lo lograba, pero con Dios todo se puede. Solo se necesita que de verdad usted tenga el deseo y las fuerzas de voluntad para hacerlo. Si yo lo logré, usted también puede lograrlo, pero tiene que buscar del Señor Jesucristo.

Hoy por la misericordia de Dios me encuentro viviendo en Alemania. Estoy felizmente casada. A veces me pellizco para ver que toda esta felicidad que Dios me ha dado es real, y que no es un sueño. Tengo un esposo maravilloso y puedo decir que es el mismo Señor que me ama a través de él.

Al principio sentía miedo por tanta felicidad, porque siempre había escuchado que el cristiano que no tenía prueba tenía que examinarse. Es cierto que las pruebas van a llegar, pero el Dios que yo le sirvo, no es un Dios masoquista que se deleita con el dolor y el sufrimiento de sus hijos. El Señor también quiere vernos alegres, contentos, en paz, y gozosos. Siempre que me sentía contenta, no podía disfrutar de ese momento, porque a la misma vez me sentía asustada, pensando que algo podía pasar en cualquier momento. Pero hoy le digo a usted en el nombre de Jesús, que goce de eso momentos de felicidad y de refrigerio que le da el Señor. Usted merece eso y mucho más. Y por la prueba no se preocupe, que ella llega cuando menos usted la espera. Pero mientras llegan, no permita que las cosas pequeñas le quiten el gozo, porque los que aman a Dios, siempre tienen un gozo inefable.

Yo me siento gozosa y plenamente bendecida. Para muchas personas estar bendecido y ser feliz es tener dinero o todas las cosas materiales que un ser humano pueda tener. Para mí la felicidad consiste en hacer la voluntad de Dios y todas las demás cosas el, las añadirá.

El Señor en su misericordia me ha llevado a diversos países a predicar el evangelio y a dar mi testimonio. Como le dije antes, son muchas las vidas que Dios ha restaurado a través de este testimonio que usted ha leído. Hoy le doy gracias a Dios por haberme permitido pasar por todos esos momentos amargos, porque eran simplemente el entrenamiento de parte del Señor para que hoy pueda llevar sanidad interior a las vidas de otras personas y para que el nombre del Señor Jesucristo sea glorificado.

El Señor le dijo a su siervo Josué: « Mira que te mando que te esfuerces y sea muy valiente; no temas ni desmayes porque Jehová tu Dios estará contigo en dondequiera que vayas. Josué. 1:9.

El Señor sabía que Josué tenía que enfrentar muchas batallas y muchas dificultades hasta llegar a la tierra prometida. Hoy esas mismas palabras el Señor te dice: «Esfuérzate y se muy valiente».

El Señor no quiere que te des por vencido porque todavía hay muchas batallas que pelear, pero la victoria la tenemos ganada. Cuando venimos humillados ante la presencia del Señor, él puede usar una derrota en nuestra vida, y convertirla más adelante en una bendición para nosotros.

Dios sabe que tú no eres un súper hombre, ni la mujer maravilla, pero el ve que te estás esforzando por agradarle. Él sabe y conoce tus defectos, y en medio de las veces que tú has tropezado y has caído, él ha enviado a sus ángeles a cuidar tú derredor. El Señor es quién pelea por ti. Él es quién sacude los cimientos de los hogares, y le dice a la familia: ¡sin mi nada podéis hacer! Él es quién te dice a ti padre y a ti madre: "Voy a secar tus lágrimas, porque voy a cambiar tu lamento en baile" Voy a traer a tu hija(o). Voy a traer a tu familia. Voy hacer de lo imposible las cosas posibles, porque Yo soy tu Dios. Usted tiene un Dios que pelea por ti. Deja tu guerra al vencedor. Déjale ese problema al Señor. Dios peleará por ti. No confíes en tus propias fuerzas, ni en tus propias habilidades. Confía en aquel que puede darte la victoria en los tiempo más difíciles.

¿Te gustaría empezar de nuevo y darle la oportunidad al Señor de que el entre a tu vida? El Señor te dice: Con amor eterno te he amado; y por tanto, te prolongue mi misericordia» Jeremías 31:3 Todo aquel que viene al Señor, Él no le echa fuera. ¿Te gustaría venir al? Te invito a que repitas esta oración de fe conmigo:

"Padre celestial en el nombre de Jesús me presento delante de ti, reconociendo que soy pecador, confieso mis pecados delante de ti, y te pido que me perdones. Acepto a Jesucristo como mi único y verdadero Salvador, y te pido que su sangre me limpie de todos mis pecados. Escribe mi nombre en el libro de la vida, y bautízame con el Espíritu Santo y Fuego. Renuncio a todo pecado, renuncio a todo pacto de las tinieblas, renuncio a todo pacto de brujería que mi familia o yo hayamos hecho en el pasado,

Y quebranto en el nombre de Jesús todas maldiciones familiares, desde la primera hasta la última generación. Y ahora declaro que Jesucristo es el dueño y Señor de mi vida. En nombre de Jesús, amen".

Si usted ha repetido esta oración de corazón, permítame felicitarles, y darle la bienvenida a la familia del Señor. Ahora lo más importante que debe hacer es buscar una iglesia cristiana con sana doctrina donde puedan ayudarle en su caminar con el Señor. Lea la biblia, y no deje de orar. Recuerde que orar es hablar con Dios. Y en la oración hay poder.

www.ingramcontent.com/pod-product-compliance
Lightning Source LLC
Chambersburg PA
CBHW061749250726
48657CB00001B/56